취업은 나만 어려운 게 아니었어

직업상담사가 알려주는 취업 성공을 위한 모든 것

취업은 나만 어려운 게 아니었어

초판 1쇄 인쇄일 2025년 03월 31일
초판 1쇄 발행일 2025년 04월 10일

지은이 이선경
펴낸이 양옥매
디자인 표지혜
마케팅 송용호
교　정 이원희

펴낸곳 도서출판 책과나무
출판등록 제2012-000376
주소 서울특별시 마포구 방울내로 79 이노빌딩 302호
대표전화 02.372.1537　팩스 02.372.1538
이메일 booknamu2007@naver.com
홈페이지 www.booknamu.com
ISBN 979-11-6752-602-1 (13320)

취업은
나만 어려운 게
아니었어

이선경 지음

직업상담사가 알려주는 취업 성공을 위한 모든 것

책과나무

취업 때문에 힘들어하는
모든 이들을 위해

"누군가 나에게 취업은 이렇게 힘든 거라고 미리 말해줬으면 좋았을 텐데…… 취업을 준비할 때 무엇부터 시작해야 하는 건가요? 다들 쉽게 대기업 가고 좋은 기업에 가는 것 같은데 나는 안되니까 내 능력 부족일까요? 도대체 내가 좋아하고 잘하는 일이 뭘까요? 학점도 바닥이다, 하고 싶은 것도 없는데 내가 취업이 되긴 할까요?"

10년 차 직업상담사인 나에게는 늘 취업준비생들의 자조 섞인 목소리가 들려옵니다.

나 역시 학교만 졸업하면 원하는 취업이 쉬울 줄 알았습니다. 하지만 12번 이상의 취업과 이직을 반복하며 착각이라는 것을 깨달았습니다. 아무도 취업이 이렇게 어렵다는 것을 알려주지 않았고, 취업을 위해 무엇부터 해야 하는지 설명해 주지 않았습니다. 그래서 나의 20대는 내 길을 찾기 위한 고통의 연속이었습니다. 이를 극복한 10년 차 직업상담사로 내가 하고 싶은 일을 찾은 이야기 그리고 직업상담을 통해 알게 된 취업에 대한 모든 비밀을 오래전 나처럼 취업 때문에 힘들어하는 모든 이들과 나누고 싶습니다. "앞으로 뭐하면서 살지?"에서부터 고민을 시작해, 취업하려면 무엇을 해나가야 할지 현장 경험을 바탕으로 책을 구성했습니다.

이 책의 초반부는 내 앞길을 찾지 못해 취업이 막막해서 힘들었던 과거 또는 현재의 여러분을 기억하고 회상하며 작가의 경험에 공감할 수 있는 취업 공감 에세이입니다. 책의 중반부터는 취업을 준비하는 이들에게 실질적인 도움을 주고 싶어 내 앞길을 찾기 위한 노하우와 취업을 위한 필살기를 제시했습니다. 자기 이해부터 직무, 업종, 회사에 대한 분석과 입사서류 작성법, 면접 준비 전략까지 취업 정보 가이드의 성격도 가지고 있습니다.

직업상담 컨설턴트로서 사람들을 대면하게 되면 우선 이런 각오가 듭니다.

"얼마나 답답하면 나에게 찾아왔을까? 학생들이 답을 찾는 데 내가 필요하다면 무엇이든 꼭 도와줘야겠다."

2015년부터 매년 평균 100명 이상의 학생들을 상담하고 강의하면서, 끝도 없이 상담을 신청하는 학생들로 힘에 부친 적도 있지만 직업상담사로서의 소명 의식이 있기에 찾아온 그들을 성심성의껏 마주하고 있습니다.

과거와 다른 점은 지금은 수많은 인터넷 매체나 언론매체에 의해 취업에 관한 엄청난 정보와 그에 따른 다양한 의견, 주장들이 있다는 것, 그 넘쳐나는 정보 속에서 진짜 '나'에게 맞는 정보를 찾고 수용하는 것 그것이 제일 힘든 것 같습니다. 학벌과 스펙을 앞세워 취업했던 기존의 채용시장에서 변화해, 현재는 자신을 이해하고 원하는 길을 찾으며 주체적으로 진로를 개척하여 자신의 직무경험과 직무역량으로 취업의 한계를 극복하려는 것이 요즘 채용시장의 특징이라 할 수 있습니다.

직접 겪기도 했지만, 취업에 도전하는 현장에서 학생들과 경험해 보니 취업은 누구에게나 어렵습니다. 그래서 '누가 나의 앞길을 정해줬으면 좋겠다'는 생각이 드는 순간이 오기도 합니다. 하지만 이를 극복하고, 스스로 취업에 관해 정성을 쏟는 만큼, 불안감을 잠시 접어두고 자기 자신을 믿는 그 순간부터 취업은 이루어집니다. 취업은 해야겠는데 무엇부터 시작해야 할지 막막한 모든 독자들에게 이 책이 도움이 되길 바랍니다.

목차

저자의 말 │ 취업 때문에 힘들어하는 모든 이들을 위해   4

Part 1

취업은 나만 어려운 게 아니었어

1. 취업은 나만 어려운 게 아니었다   12
2. 대학 졸업만 하면 취업이 되겠지?   17
3. 누가 나의 앞길을 정해줬으면 좋겠다   20
4. 여기 히키코모리 한 명 있어요   22
5. 이렇게 살면 망한다   26
6. 상사의 한마디, 나보고 그만두라는 의미일까   30
7. '묻지마 취업'은 이제 그만   35
8. 어느 분야든 찾으면 길이 있다   42

Part 2

취업 완성을 위한 내 앞길 찾기 노하우

1. 진심을 다해 노력하면 취업은 이루어진다   50
2. 결국엔 해낸다! 청년들의 취업   57

3. 직업심리검사는 진로를 정할 때 나에게 도움이 될까?　64

4. 직업심리검사로 알아보는 나의 진로 찾기　69

5. 저학점으로 대기업에 가는 비법　74

6. 대학 4년 동안 무엇을 해야 할까?　79

7. 내가 좋아하는 일을 할까? 잘하는 일을 할까?　90

8. 아무것도 하지 않으면 아무 일도 일어나지 않는다　94

Part 3

취업 완성을 위한 1등 필살기

1. 취업에 필요한 건 스펙보다 직무역량　102

2. 취업에 이르는 길 '자기분석-직무-업종-회사'　112

3. 취업은 정성을 쏟는 만큼 이루어진다　118

4. 학교 수업만으로 취업이 되나요? 인턴의 필요성　126

5. 이것이 나의 무기다 '인성과 태도'　134

6. 경험 정리가 뭐예요?　140

7. 자기소개서가 두렵지 않은 이유　146

8. 면접을 하기 전 마인드셋이 필요하다　152

9. 직무분석·업종분석·기업분석의 정석　156

10. 좋은 기업을 고르는 방법　162

Part 1

취업은
나만 어려운 게
아니었어

1.

취업은 나만 어려운 게
아니었다

현재 직업상담사 10년 차. 그 이전 나의 진로를 찾기 위해 불나방처럼 직업을 찾아 방황했던 11년의 시간. 안정적인 직장을 잡고, 든든한 통장 잔고를 위해 차곡차곡 준비해야 할 20~30대의 시간은 나에게 찬란하고 빛나는 시기로 남아있지 않다. 어떤 때는 먹고 살기 위해, 어떤 때는 그냥 이 직업이 궁금해서, 또 어떤 때는 면접에서 자꾸 떨어지니 오기가 생겨서 등등 무작정 취업에 도전해 12여 개의 회사와 12개 이상의 각기 다른 직업의 경험으로 오롯이 남게 되었다. 회계 사무원, 화장품 영업사원, 제과점 매니저, 식당 직원, 텔레마케터, 노무사 사무실 직원, 상가 분양, 카드회사 총무, 야학

총무, 학원 행정 및 상담직, 공공기관 행정, 미용 자재 판매원, PC방 매니저, 방과 후 교사 그리고 결국 찾아낸 직업상담사까지.

　남들처럼 화려하지도 않고, 자랑할 만한 경력도 없지만 이 모든 경험은 지금의 직업상담사가 되기까지 소중한 자산이 되었다. 취미는 새로운 직업에 도전해서 알아가기, 잘하는 것은 어떤 일이든 초심으로 돌아가 계속 열심히 일하기. 무엇보다 현재 직업상담사로서 다양한 연령대의 다양한 직업에 대한 취업상담을 진행하는 데 두려움이 없다. 육체적으로 힘든 생산직을 제외하고는 영업부터 사무직까지 다양하게 경험해 보았기 때문이다. 직업에 관해 모르면 누군가에게 묻고, 찾고, 책을 읽어보고, 현직자 인터뷰를 통해 입사서류가 통과되게끔 쓰는 법까지 알아낸다. 이를 토대로 각 직업이 요구하는 역량에 초점을 맞춘 맞춤형 취업상담을 진행했다. 한때는 나의 경험과 경력들이 모두 실패한 경험이라고 생각했던 적도 있다. '네가 과연 무슨 일을 오랫동안 할 수 있겠냐?'라는 자조 섞인 소리도 자주 들어왔다. 우리 가족 중 일하고 있는 사

람들은 모두 하나의 직업에서 25년 이상 같은 일을 하고 있으
니 나를 얼마나 한심스럽게 생각했겠는가.

하지만 반전은 있었다. 인생의 오점들이라고 생각했던 내 직업의 경험들이 '직업상담사'라는 직업과 만나는 순간 나만의 경쟁력이 되었다. 판매직부터 사무직, 영업 등등을 경험하다 보니 식당 창업을 원하는 어떤 장년층 상담에서는 도움이 되었다. 식당에서 일해봤기에, 한식조리사라는 자격증을 따고 일하더라도 예상과는 다른 매우 어려운 과정들이 있다고 말씀드릴 수 있었던 것이다. 새벽에 일어나 재료를 사고 다듬으며, 아침·점심·저녁 장사 준비를 하고, 중간중간 밥과 반찬을 만들고 설거지, 청소를 하고 홀을 관리하며 카운터도 보고, 가게 홍보도 해야 하고, 직원 관리 등 해야 할 일이 너무 많아 하루 12시간 이상 근무해야 한다는 현실적인 조언이 가능했다.

나의 현실적인 이야기에 한식조리사 자격증 하나만 보고 식당을 하려던 한 어머니는 고개를 끄덕이셨다. 정말 하시고

싶다면 최소한 몇 개월 정도는 아주 잘 되는 식당에서 식당 경험을 해보시라고 취업을 시켜드린 적도 있다. 막상 생각한 것과 실제 해보는 것은 많은 차이가 있으니 나중에 후회하시기 전에 미리 사전 경험을 추천해 드린 것이다. 그리고 몇 개월 후 식당을 준비하시던 그 어머니는 찾아오셔서 이런 말씀을 하셨다.

"선생님 덕분에 식당 경험을 해보니 너무 힘들더군요. 나는 골다공증도 있고, 관절이 있는데 식당 아르바이트를 해보니 하루 12시간 끊임없이 팔다리를 움직이고 굽히고 펴고를 반복하는 업무를 해야 했어요. 너무 힘들었어요. 해보지도 않고 덜컥 큰돈 내고 식당을 차렸으면 큰일 날 뻔했습니다."

그러고는 내게 감사해하셨다. 다만 식당을 차리기보다 한 식조리사 자격증이 있는 만큼 요양시설의 조리사 보조로 근무하기로 하셨다. 체력적으로 힘드시니 종일제 근무보다 단시간 근로가 더 나아 보였기 때문이다. 또, 화장품 영업, 상가 분양 영업 등을 해본 경험이 도움이 된 사례도 있다. 국내 영업을 희망하는 구직자가 오면 '끊임없이 많은 사람과 만나야 하는 영업에서 사람을 만나는 것에 두려움이 없는지, 사람들과의 관계에서 스트레스를 받는 성격은 아닌지, 목표 실적에 대해 적극적이고 달성해야만 하는 성격인지' 등등의 사전 질문을 해서 영업의 적합성을 알려준 적도 있다.

직업상담사가 돼보니 내가 직업상담사라는 진로를 찾기까지 너무나 어렵게 거쳐왔던 고민의 순간들이 비단 나만의 어려움이 아니라는 것을 깨닫게 되었다. 직업상담사로서 10여 년 동안 근무하면서 나만큼 직업 경험이 있는 사람들을 본 적은 없다. 하지만 인생을 살면서 한 번 이상은 진로나 취업을 결정하는데 대부분 고통스러워하고, 직업을 찾는 데 힘들어하고 있다는 것을 알게 되었다. 동병상련이라고 했던가. 그리고 내 직업이 점점 재밌어지기 시작했다.

2.

대학 졸업만 하면
취업이 되겠지?

나는 연세대학교 원주캠퍼스(지금은 미래캠퍼스로 변경되었
다) 법학과를 졸업했다. 본교인 서울 연세대학교의 지방 분교
라는 꼬리표가 처음 입학해서 졸업 이후 면접을 볼 때까지
따라다녔다. 그렇지만 나는 학교 풍경이 아름답고 명상을 좋
아했기에 호수를 걸으며 사색을 할 수 있는 우리 학교를 좋아
했다. 호수와 노천극장이 어우러진 아름다운 캠퍼스, 산책이
나 데이트 장소로도 좋고, 영화를 찍어도 될 정도의 아름다
운 환경으로 봄에는 벚꽃 구경, 가을에는 단풍 구경, 겨울에
는 아름다운 설경으로 인해 주말에도 많은 주민들이 쉬며 힐
링하는 장소였다.

이런 아름다운 학교에서 다양한 경험과 열정적인 학업으로 눈에 띄는 학생이 되어야 했건만 나는 그렇지 못했다. 학교에 오면 벤치에 앉아 시간을 보내며 미국, 영국, 일본, 유럽 음악을 들었다. 도서관에 가면 취업 걱정보다는 내가 보고 싶은 한겨레21, 조선일보, 무라카미 하루키의 소설, 일본의 자기 계발서, 국내 소설과 수필 등을 닥치는 대로 기호순으로 읽으며 대부분의 시간을 보냈다. 당시 취업에 대한 준비는커녕 '졸업을 하면 취업이 되겠지'라는 생각으로 안이하게 보냈던 것 같다. 그렇다. 4학년이 될 때까지 무엇을 하고 싶은지, 취업을 위해 무엇을 준비해야 할지 전혀 생각이 없었다. 경제적인 이유로 대학 재학 내내 책 대여점, 제과점 등 판매 아르바이트를 했는데, 이것이 학과 공부보다 더 재미있었다는 것도 문제였다. 손님이 많을수록, 물건이 전날보다 많이 판매될수록, 최고 매출을 기록한 날보다 더 잘되는 날들이 이어질수록 아르바이트의 즐거움은 배가 되었다. 고학년이 될수록 학과 공부와 취업 준비에 관심을 쏟아야 했는데 당장 하고 있는 판매 아르바이트에 열과 성을 다해 체력적으로 최선을 다하니 학교에 와서는 방전되어 지쳐버렸다. 그래서 틈나는 대로 자거나, 보고 싶은 책만 읽는 등 빈둥빈둥 4년을 보냈다. 그래도 취업은 졸업하면 자연스럽게 될 거라고 자위했다. 그리고 어떻게 됐냐고? 한마디로 '망. 했. 다.'

졸업 후 천천히 취업하려던 계획은 전혀 준비가 안 된 안이함으로 인해 깊은 미로 속에 갇히기 시작했다. 그리고 그 속을 빠져나오기 위해 발버둥 친 고통과 수많은 시행착오를 경험한 끝에…… 취업은 내가 좋아하고 잘하는 일을 찾아 나가는 것이라는 깨달음을 얻었다. 나처럼 시행착오를 겪으며 생활하고 있는 학생들이 망상 속에서 빠져나오길 바란다. 학교를 아무 준비 없이 졸업하면 아무것도 못 한다는 것을.

3.

누가 나의 앞길을
정해줬으면 좋겠다

나의 진로와 직업을 찾는 여정은 막막함 그 자체였다. 심지어 나는 그 당시 내가 무엇을 좋아하는지, 무엇을 잘하는지와 같은 기본적인 자기 이해도 되어 있지 않았다.

자기분석을 위해 상담을 받아보지 그랬냐고?

당시 학교에서 상담한 것이라고는 MBTI 정도였고, '취업과 진로'와 같은 2학점 수업을 수강한 것이 다였다. 처음 '다음'이라는 이메일이 생기고, 이제 인터넷이라는 세계가 본격적으로 성장하는 시기, 좋은 대학을 나온 사람들은 그들끼리의 세계에서 정보를 주고받았다. 그 외에는 취업 정보를 얻기에 폐쇄적이었던 사회 환경 등으로 2004년에 내가 도움받을 곳은 없었다. 취업 관련 교양과목은 재미있었고, 성적도 잘 나왔지만 직업을 선택할 때 어떤 것이 나에게 맞는 일인지 전혀 정리가 되지 않았다. 졸업 후 어떤 직업을 선택해야 할지 무엇을 해야 할지 아무것도 몰랐고, 그 때문에 스트레스를 받아 가슴에 통증까지 생길 정도로 힘들었다. 그래서 몇 날 며칠 동안 미친 듯이 생각한 결과, 떠오른 생각은 하나였다.

'가족이든 친구든 누군가가 나의 앞길을 정해줬으면 좋겠다.'

남에게 기대고 싶다는 생각, 내가 인생의 주인공이고 스스로 해야 하는데, 내 마음은 너무나 답답해서 부정적인 생각만 가득했던 시절이었다. 그때 숨을 곳을 찾아 도피하고 말았다.

4.

여기 히키코모리
한 명 있어요

대학에 다니며 학업과 아르바이트를 병행했다. 나는 뭐든지 잘 해낼 거라 자신했다. 대학을 진학했을 때만 해도 밤을 새워도, 일과 학업을 병행해도 모두 잘 해낼 것 같았다. 하지만 이런 생각은 1년도 안 되어 바뀌었다. 단순한 아르바이트를 해도 그다음 날에는 급격한 피곤함이 몰려왔다. 밤을 새워 공부하는 날이면 시험에서 아무것도 생각나지 않을 정도로 신체적·정신적으로 너무나 약했다.

157cm의 키에 43kg(아마도 더 적게 나갔던 것 같다), 학창 시절 나의 별명은 '해골'이었다. 뼈만 있다고 중학교 담임 선생님이 지어준 별명이었다. 중학교 때에는 학교 복도를 걸어가고

있으면 선생님이 뒤에서 계시다가 "어… 어… 너 쓰러지는 거 아니지? 쓰러질 것 같아. 하하…"라는 농담을 할 정도로 근육도 없고, 뼈밖에 안 보이는 그런 학생으로 불렸다. 마음은 슈퍼맨인데 중·고등학교 시절 체력이 약해 밤을 새워 공부한 적이 겨우 다섯 손가락을 셀 정도였다. 남들처럼 야간의 독서실도 학원도 다닐 수 없었다. 물론 경제적인 이유가 가장 컸지만 체력적으로 학업의 어려움을 감당하는 게 쉽지 않았다.

이렇듯 체력이 문제였다. 그러나 처음 해보는 아르바이트들은 재미있었다. 하다 보니 보람도 있고… 칭찬도 받고… 사장님이 일 잘한다고 귀여워해 주시고… 어라? 돈도 버니 너무 즐거웠던 것 같다. 그래서 최선을 다했다. 미친 듯이…

그런데 아르바이트를 끝내고 전공책을 펼치면… 아무것도 생각할 수 없었다. 너무 피곤했다. 그래서 중요하다고 생각하지 않은 수업에선 교실 맨 뒤에 앉아서 그냥 자는 경우가 많았다. 학생으로의 본분을 소홀히 했던 그때, 대학 4년 동안 일과 학업을 병행하다 보니 수시로 번아웃이 찾아왔다. 진로를 정하거나 취업을 준비한 것도 아닌데 학점마저 3점대 수준으로 저조했다. 취업하려고 스펙을 펼쳐보니 학업을 아주 잘한 것도 아니었다. 단순 판매 아르바이트만 4년 동안 했지, 거창한 인턴 등 내세울 만한 대외 활동도 없었다. 졸업 이후에 자랑스럽게 내세울 만한 성과가 없다는 것에 '현타'가 왔다.

그리고 2004년 졸업을 하고, 숨기로 했다. 졸업 후 나는 '체력 고갈로 인한 번아웃'이라는 이유 아닌 변명을 대며 3년을 쉬었다. 사실 그러면 안 됐다. 그 당시 집안 사정이 매우 안 좋았기 때문이다. 지방보단 서울에서 직장 구하기 쉽다면서 취업을 핑계로 서울로 올라와 언니 두 명과 월셋집에서 살게 되었는데, 매달 가스비·전기세가 밀리고 있었다. 경고장 딱지가 붙을 정도로 사정이 안 좋았는데 당시 나는 그냥 쉬고 싶었다. 일종의 도피였다. 언니들의 가난에 대한 어려움과 고통을 알면서도 '나중에… 나중에…' 취업하자고 생각하며 나만의 세계에 빠져 버렸다.

그렇게 나는 아무것도 하지 않는 '방콕족' 또는 '히키코모리'가 되어버렸다. '히키코모리'란 사전적 의미로 '정신적인 문제나 사회생활에 대한 스트레스 따위로 인하여 사회적인 교류나 활동을 거부한 채 집 안에만 있는 사람'이라고 한다. 낮에는 자고, 밤에는 TV, 인터넷 서핑 등을 하며 자신만의 세계에 빠져 있는 사람을 칭한다. 그게 바로 나였다.

5.

이렇게 살면
망한다

그렇게 힘든 가족들 사이에서 무려 3년 동안 집에서 쉬는 몹쓸 짓을 하다 보니, 나를 인생의 실패자로 보는 시선이 강해지고 있었다.

"네가 뭘 하겠어. 그럼 그렇지."

이런 말을 제일 자주 들었던 것 같다.

그러나 3년쯤이 지나갈 때였을까, 가스나 전기세가 밀리는 환경에서 이대로 살다 간 모두 죽을 것 같다는 절박감이 들기 시작했다. 마치 죽음을 앞두고 철이 드는 것처럼 내가 변하지 않으면 아무것도 변하지 않을 거라는 생각이 들기 시작했다.

'이게 내 인생은 아닐 텐데… 그래도 학교 다닐 때는 드물긴 했지만 나를 인정해 주시는 교수님도 계셨고, 아르바이트 하던 곳 사장님들로부터 잘한다는 인정도 받았었는데, 지금은 내 편이 아무도 존재하지 않는구나.'

그렇다. 나는 깊은 절망에 빠졌다. 모든 것은 나의 잘못이었다. 내가 바뀌지 않는 한 아무것도 일어나지 않음을 깨달았다. 그래서 졸업 후 3년이 되던 겨울 그해, 미친 듯이 일자리를 찾기 시작했다.

'학교만 졸업해도 그래도 취업할 곳은 있을 거야'라고 생각했던 시절이 있었다. 이러한 생각은 구직활동을 하면서 산산이 깨졌다. 우선 취업을 위해 전공을 살려 법학과를 살린 일자리의 채용공고를 확인했다. 로펌, 변호사 사무실, 노무사 사무실, 행정사 사무실, 법무사 사무실 등 나의 법학과 전공을 살리면서 갈 수 있는 모든 일자리를 검색하고 면접을 보러 다녔다.

결과는 실망스러웠다. 법학과 관련한 일자리는 전문 지식과 기술이 필요한 일자리였기에 실무에 대한 전문성이 필요했다. 그들은 단순하게 누구나 할 수 있는 일이 아닌 법률과 관련한 경험인 송무 및 등기 실무에 대한 훈련을 받고 교육이 되어 있는 사람들을 선호했다. 경험 및 경력이 없으면 업무를 이해할 수 없다고 판단하고 있었다. 변호사 사무실조차도 소장을 쓸 수 있을 정도로 법에 대해 깊이 있는 이해와 지식을 우선시했다. 그런데 나는 법학 관련 성적도 낮고, 송무 및 등기 실무에 대한 교육이나 훈련도 되어 있지 않았으니 경쟁력이 떨어질 수밖에 없었다.

전공을 살린 첫 구직활동에 거의 실패했을 즈음 나는 더 초조해지기 시작했다. 그리고 대학을 졸업한 학력으로 아무런 경험이나 자격증, 교육 및 훈련이 없는 사람은 구직시장에서 경쟁력이 없음을 깨달았다. 졸업 후 바로 구직활동을 하면서 깨달았다면 시행착오의 시간이 줄었을 것이다. 하지만 늦은 시작과 깨달음으로 당장 취업하기가 쉽지 않음을 절실히 알게 되었다. 졸업 후 아무것도 안 하고 3년을 쉬면 모든 취업시장에서 경쟁력을 완전히 잃는다는 것을 면접을 통해 확인했다.

그래서 나는 결정해야 했다. 나의 현재 경제 상황으로 인해 자격증 따기, 교육 및 훈련의 시간을 가지기에는 힘들었고, 불

가능했다. 그래서 우선 닥치는 대로 채용시장에서 구인하는 직업 중 호기심이 생기는 직업에 대한 경험을 해보기로 했다. 학교라는 좁은 울타리에서 판매 아르바이트 외에는 해본 적이 없기에 다양한 직업에 대한 탐색 및 경험을 해보고 싶은 마음이 컸다. 좋은 직장에 대한 선호도와는 상관이 없더라도 평생을 살면서 '이 직업은 무슨 일을 할까'라는 생각을 했던 직업들이었다. 당시에는 남들보다 늦은 만큼 절박하게 열심히 일할 자신으로 충만해 있었다.

6.

상사의 한마디,
나보고 그만두라는 의미일까

서울에서 구직활동을 시작할 때 나는 우선 잡코리아, 벼룩
시장, 교차로 등과 같은 채용사이트와 구인 광고를 확인하며
채용시장을 탐색했다. 2000년대 초 아직 지금같이 사람인,
워크넷, 잡코리아, 인쿠르트 같은 채용사이트의 활발한 대중
화가 이루어지지 않은 시기였고, 취업에 대한 정보가 카페나
블로그 등 인터넷으로 공개되지 않았다. 구직을 위해 궁금한
것은 많은데 정보를 찾기에 녹록지 않았다. 결국 경험으로 이
러한 한계를 돌파해 나가기로 했다.

시작은 진입장벽이 낮아 보이는 직업부터였다. 누구나 지
원할 수 있고 누구나 할 수 있는 일자리에 대한 탐색이 이루

취업은 니면 어려운 게 아니었어

어졌다. 그 결과, 첫 직장은 작은 중소기업의 광고회사 회계 사무원이었다. 학교에 현수막, 광고물, 브로슈어, 편집물 등을 대행하여 제작하는 곳이었는데 기존 거래처가 탄탄하여 꾸준히 수익이 나는 회사로, 지방에서 알아주는 곳이었다. 하지만 이곳에서 3개월을 못 버티고 퇴사했다. 이유는 '묻지마 지원'을 통해 면접이 통과되어 근무하게 됐다는 점이 문제였다. 회계 지식이나 기술이 없어 업무를 이해하지 못했으니 예견된 일이긴 했다. 또, 중소기업의 특성상 근무하는 인원이 적기에 회계 말고도 설계, 디자인, 행정 등 다른 업무까지 커버해야 하는데, 업무상에 부담을 느껴 도저히 계속 근무할 자신이 없었다. 가족 모두가 첫 취업을 축하하며 기뻐해 줬는데, 채 한 달을 채우지 못한 것이다. 그래서 끝은 또다시 '네가 그러면 그렇지'라는 비난을 받게 되었다.

지금이라면 '무슨 일이든 최선을 다해 적응하여 업무에 필요한 것은 뭐든 내 것으로 만들자'라는 생각을 하게 되는데 이것은 경험치가 쌓여서 가능한 것 같다. 그 당시에는 사회 초년생이라 모든 것이 두렵고 일을 하면서도 '과연 내가 이 일을 할 수 있을까'라는 두려움을 느꼈던 것 같다. 그리고 일을 못해서 비난받기 전에 그만둠으로써 자존감을 지키려고 했던 것 같다. 이때 가장 많이 났던 못난 생각들이 주로 '이거, 내가 잘못하면 회사에 큰일 생기는 거 아닐까, 이렇게 진행하는 게 맞는 걸까? 사장님이 혼내시면 어떡하지?' 하는 것이었다. 또, 나를 가르친 사수로부터 한 소리를 들으면 '지금 이 말은 나보고 역량이 안 되니까 그만두라는 소리일까?'와 같은 예민한 생각을 하곤 했다.

모든 직장인도 처음에는 신입인 시절이 있었을 것이다. 나와 같이 이 시기를 버티지 못하고 업무에 대한 두려움으로 잦은 이직과 퇴사를 하는 경우가 많다. 과거 취업성공패키지 사업*의 취업상담 때 내담자들이 처음 일을 시작하는 것에 대한 불안과 공포로 자주 퇴사하는 경우를 보며 나와 같은 사례를 다시 한번 확인하게 되었다. 「서류통과-인적성검사-1차 직무면접-2차 인성면접」 등의 과정을 '어렵게 어렵게' 통과하

● 고용노동부 사업으로 청년, 취약계층, 장년층 등을 대상으로 하는 생활부조 지원 등 취업지원 프로그램이다. 현재는 국민취업지원제도로 변경되었다. 나는 이곳에서 4년간 직업상담사로 근무했다.

취업은 나만 어려운 게 아니었어

며 취업한 회사인데, 사회초년생의 불안감과 긴장감은 그러한 회사를 그만두게 하는 무서운 마인드이다. 현재 이런 상황에 있는 사회초년생이 있다면 이렇게 격려해 주고 싶다.

"지금 선배인 직장인들도 누구나 신입인 시절이 있었다. 만일 맡은 일을 실수해서 회사에 피해가 갈 수도 있다고 걱정된다면 한 가지만 기억하자. 신입에게 처음부터 대단히 중요한 일을 맡기는 회사는 없다. 실수는 할 수 있다. 다만, 똑같은 상황에서 똑같이 실수하는 모습은 보이지 말자. 나아지는 모습을 보이자. 모르면 묻고 자신의 것으로 만들자. 질문한다고 비난하는 동료가 있다면 그는 진짜 동료가 아니다. 그런 직장이라면 오래 다닐 수 없고, 좋은 직장 분위기도 아니기에 그만두는 것이 낫다. 누가 시켜서 일하는 것이 아니라 스스로 찾아서 일하자. 일하면서 부족한 점은 사내에서 일 잘하는 사람을 잘 관찰하여 따라 하면 된다. 업무나 직무에 관한 책을 읽고, 경험하고, 교육을 받는 등 계속 노력하면 된다. 설령 시간이 걸려도 결국 업무를 따라잡을 수 있다."

지금 당장은 일에서 실수하고 막막하더라도 노력하는 만큼 시간이 해결해 줄 거라는 자신감과 믿음이 가장 중요하다.

과거와는 다른 2025년의 취업전략은 어때야 할까?

1. 자기 이해를 바탕으로 개인의 흥미, 적성, 성격, 가치 관 등을 고려하여 직업 범위를 좁힌다.
2. 평소 관심 있는 '직무', '회사' 또는 '산업'에 관해 알아 본다.
3. 흥미·적성을 보이는 직무의 회사에서 직간접 경험을 해본다.
4. 하고 싶은 일(직무)에 대한 직무역량(지식, 기술, 태도, 능 력 등)을 교육 및 훈련한다.
5. 지원하는 회사·산업·직무에 대해 정리하여 자연스럽 게 입사서류 작성·면접으로 대답할 수 있도록 대비 한다.

7.

'묻지마 취업'은
이제 그만

첫 취업의 실패로 자존감은 떨어지고, 불안감은 증폭되었다. 하지만 이것을 애써 숨기고, 다시 구직시장에 도전하기 시작했다. 지금 생각해 보면 당시에는 극도로 정서적으로 불안하고 긴장하며 구직활동을 했기에 어디를 들어가도 오래 버티지 못하는 게 당연했다. 학원 행정, 상가 분양, 보험회사 총무, 공공기관 행정, 텔레마케터(TM), 화장품 회사 영업사원, 식당, 카드회사 총무, 입시학원 컨설턴트, 푸드코트 매니저, 방과 후 선생님, PC방 매니저, 노무사 사무실 등등 사무직부터 영업, 판매 매니저까지 지원 기회가 있으면 무조건 도전하여 면접을 보고 일을 했다.

여러 경험을 하고 수년이 지나 과거를 돌아봤을 때 가끔 "과연 나는 그때 무슨 생각을 하며 그렇게 닥치는 대로 일 했던 걸까?"라고 나에게 질문했다. 그리고 그렇게 수많은 직업에서 일하고 그만두며 시행착오를 겪은 경험에서 내린 결론이 있다. 3년 동안 히키코모리처럼 나만의 세계에 갇혀 있었기에 갑자기 개방된 환경에서 일을 하려니 내가 일하는 직업 환경에서 실수하거나 잘못하면 안 된다는 극도의 불안감과 긴장감을 수시로 느꼈다. 그래서 과거의 히키코모리 같은 삶의 습관 때문인지 일을 하다가 조금만 실수하면 큰일이라고 확대하여 생각하는 바람에, '한곳에서 실수하더라도 배우며 계속 일하자'라는 마음가짐이 생기지 않았다. 인생의 패배자 같은 삶이지만 생각해 보면 지금껏 남아있는 긍정적인 유산은 있다. 그것은 바로 무슨 일이 해낼 수 있다는 자신감으로 어떤 업무이든 도전자의 정신으로 해보려는 마음이다. 나는 숱한 이직과 퇴사를 반복하여 새로운 곳에서 일해야 했기에 항상 초심을 잃지 않게 되었다. 그리고 내가 경험한 대부분의 직장에서 '일 잘한다'는 칭찬을 받은 기억이 있다. 10번의 면접을 보면 8번 이상은 합격했던 면접의 달인이 될 뻔했던 기분 좋은 경험도 남아있다. (40대인 지금이 아니라 20대였다는 것을 기억하자.)

면접은 단순히 말을 잘하는 것보다는 직무에 대해 어떻게 일할 것인지 진심을 다해 설명할 때 합격 확률이 높았다. 이러한 취업 경험과 마찬가지로 다른 사회초년생을 비교했을 때 한 청년이 한 기업이나 조직에서 오래 일하지 못하는 경우 청년 그 자체로서의 불완전성과 불안감, '내가 해낼 수 있을까' 하는 일에 대한 공포감이 발생하는 경우가 많은 것 같다. 특히 일하는 조직에서 힘든 사정을 이해해 주는 동료, 또는 일에서 도움을 기댈 수 있는 동료가 없는 경우, 상사가 체계화된 업무 프로세스로 가르치는 대신 사회초년생이 무엇을 해야 할지 잘 모르는 상황을 방치하고 있을 때 혼란에 빠지는 경우가 많다. 물론 경험상 가장 많이 퇴사하는 직원들의 경우는 회사 내 인간관계에서 문제가 생기는 때였다.

취업성공패키지라는 사업에서 취업상담을 하며 알게 된 사실이 있다. 사회초년생을 재취업시킬 때 상담에서 전 직장의 퇴사 사유를 물으면 어느 직장이든 일은 힘들면 참고 배우면 되지만, 서로 맞지 않는 직원들과 하루 최소 8시간을 함께 일해야 한다는 사실은 도저히 참을 수 없었다고 한다. 또 다른 유형의 신입사원들이 퇴사를 결심하게 되는 사례 중 빈번하게 발생하는 경우는 자신의 흥미와 적성을 무시하고 대기업이나 중견기업에 '묻지마 입사'를 하고 1~2년도 못 버티고 나오는 경우이다. 대학 졸업 전 대기업을 준비하는 경우를 많이 봤는데 자신의 흥미와 적성을 찾아 취업하는 경우는 소수였다. 상당수의 학생이 대기업이라는 간판을 선호하여 직무는 '묻지마 지원'을 하고 막상 취업하면 업무에 적응도 못 하고, 재미를 느끼지 못해 1년을 못 버티고 퇴사하고 다시 취업준비생으로 돌아가는 경우가 많았다. 어렵게 들어간 대기업인데 1년여 남짓 근무하고 그만둔다면 자신도 얼마나 억울할까? 이 경우 우선 부서 내에서 다른 부서로 순환근무할 수 있도록 지원해 주거나 재교육, 상담 치료, 실무교육 등을 통해 적응을 돕는 회사도 있다. 그러나 과거에는 많은 신입사원이 자신의 흥미와 적성에 맞지 않는 대기업의 직무 환경에 적응하기 위해 고군분투했다.

지금은 어떨까? 우리 MZ세대들은 단군 이래 어릴 적부터 학원을 시작으로 가장 많은 교육을 받고 대외 경험, 자격증,

인턴, 프로젝트, 아르바이트 등과 같은 다양한 경험을 쌓고 있다. 이러한 청년들이 '묻지마 취업' 같은 시행착오는 겪지 않았으면 좋겠다. 앞으로의 취업은 기업이나 직무를 생각하기에 앞서 '나'라는 사람을 이해하고 자신의 흥미, 적성, 성격, 직업 가치관에 맞는 직무, 기업, 산업을 종합적으로 고려하고 선택하자. 여러 가지 대안 중 자신이 좋아하고 잘하는 일, 직업에서의 인생 목표가 맞는 일, 내향적·외향적 성격에 맞는 직업 환경 등을 고려한 합리적인 직업 선택을 하는 것이 필요하다. 노력하고 즐기며 성장하는 최고의 인재들을 찾아보면, 신입임에도 불구하고 자신의 일이 흥미와 적성이 맞기에 누구보다 빨리 적응하는 사람들이 있다. 시간 가는 줄 모르고 자신의 일에 열중하여 무슨 일이든 결국 해내는 사람들이기도 하고, 자신이 무엇을 하고 싶고, 무엇을 잘하는지 아는 사람들이다.

2024년의 조기 퇴사 급증의 원인을 알아보자!

대기업 신규 입사 16%가 1년 내 퇴사… 기업들 "인당 2,000만 원 손해"

2030세대 조기 퇴사 급증… 1년 내 퇴사 35%는 '이직 목적'

퇴사자 대부분 "후회한 적 없다"… 이직, '커리어 관리'로 인식 증가

기업들 채용-인수인계 비용 부담… 멘토링 등 초기 적응 지원 늘려

(동아일보, 주애진 기자, 2024. 04. 02.)

컨설턴트: 과거 2000년대에는 자신의 흥미와 적성을 고려하지 않고 입사하여 직무에 잘 맞지 않는 이유로 퇴사하는 조기 퇴직 시장이 형성되었다면 이제는 '이직 목적'의 조기 퇴사가 많아지고 있다. 개인의 흥미와 적성을 찾는 것은 대학에

서의 진로·취업 프로그램으로 제공되다 보니 자기 이해를 바탕으로 선택한 직무의 더 나은 환경(임금과 근로조건이 좋은 곳 등)으로의 이직이 활발해지고 있다. 이를 극복하기 위해 기업의 초기 적응 프로그램 제공과 회사의 문화와 가치를 공유할 수 있는 조직문화 적합성을 중요시 여기는 채용 트렌드로 변모하고 있다.

8.

어느 분야든
찾으면 길이 있다

세상에는 다양한 직업이 있다. 우리나라 직업 수는 12,823개,

직업명은 16,891개에 이른다. (한국직업사전, 2019. 12. 31. 기준)

직업상담사가 된 결정적인 이유는 20대부터 다양한 분야
에서 각각의 직업을 경험하면서 각 직업이 요구하는 지식, 기
술, 태도 등을 깨닫고 내 것으로 만든 소중한 경험이 있었기
때문이다. '이런 나의 강점을 활용한 직업이 있을까'라는 탐색
끝에 '직업상담사'의 길로 나아갈 수 있었다.

사무직 계열의 경우 인문·사회계열은 취업에 대한 진입장
벽이 보건·의료·이공계열보다는 높지 않다. 왜냐하면 보건·

의료·이공계열은 어릴 적부터 수학, 과학 같은 공부도 해야 하고, 전문적인 지식이나 기술에 대한 기초적인 습득의 시간을 필요로 하지만 인문·사회계열은 처음 하더라도 훈련이나 교육, 경험 및 경력을 통해 도전하여 노력하면 업을 하기 위한 지식이나 기술을 따라갈 정도의 수준으로 만들 수 있기 때문이다. 내가 경험했던 행정·노무·회계·마케팅·총무 등 사무직의 경우 들어갈 때는 제로 베이스였더라도 일을 잘하는 사수를 따라 하려고 노력하거나, 근무 외의 시간에 직무에 대한 이론 학습과 반복된 교육을 통해 일에 익숙해질 수 있었다.

일반적인 예를 들자면 사무직 중 여성들이 가장 많이 선호하는 회계사무원의 경우가 있다. 보통 회계에 대한 기본지식이 중요하여 업무를 하기 전 거의 필수로 전산회계 1급과 전산세무 2급 자격증, ERP를 준비한다. 회계사무원들이 취업하기에 앞서 필수로 두는 자격인데 막상 취업을 하면 거의 모든 지원자가 필수로 갖고 있어 경쟁력을 가지지 못하는 경우를 많이 보았다. 오히려 회계사무원을 채용하는 세무사 사무실이나 일반 사기업의 재무회계직에서 가장 중요시 여기는 것이 오래 버티며 배우려는 자세다. 누구나 갖고 있는 자격증보다 실무를 배우고 자기 것으로 만들어 실제로 나중에라도 일을 제대로 하는 사람을 선호하는 것이다. 그래서 안타깝게도 처음 세무사 사무실 등에 입사하는 지원자일 경우 얼마나 오래 버티며 배우는지 시험하기 위해 최저임금을 주며 야근을 불사해야 하는 업무를 맡기는 경우도 많다. 세무사 사무실이 직업 특성상 월말과 연말에 업무 강도가 센데, 오래 못 버티는 신입이 많으니 처음부터 버틸 수 있는지 시험해 보기도 한다. 그렇게 신입사원이 초반에 제대로 버티지 못하고 그만두면, 또다시 새로 채용하는 악순환이 반복되는 것이다. 그래서 채용공고를 보다 보면 정말 많은 세무사 사무실의 채용공고가 끊임없이 올라갔다가 내려오는 것을 볼 수 있다. 쉬운 길은 없다. 오직 포기하지 않고 노력과 반복으로 업무를 자기 것으로 만드는 것이 중요하다. 특별한 지식과 기술이 중요한 분야도 있겠지만 회계사무원의 세계에서는 꾸준히 습득하려 하는 끈기와 포기하지 않는 오랜 경력이 무엇보다 중요하다. 그런 덕목이 결국 경쟁력이 되며, 그런 사람들이 살아남는 직업인 것 같다.

의료·보건·이공계열과 더불어 시각디자인, 산업디자인, 디지털아트학 등의 예체능 계열의 직업도 진입장벽이 있다. 바로 예술적인 재능의 차이다. 흥미나 재미가 있어 취미로 틈틈이 디자인을 배우는 경우도 있겠지만 막상 디자인을 목표로 취업하려면 만만치가 않다. 왜냐하면 자신이 만든 작품 포트폴리오가 다른 경쟁자에 비하여 어느 정도 잘했는지 가늠하기가 매우 어려운 측면이 있기 때문이다. 수많은 에이전시와 인하우스 디자인 회사 중 과연 '나'는 어디를 갈 수 있는지, 자신의 수준은 어느 정도인지, 어떤 포트폴리오를 준비해야 하는지 계속 알아보며 도전해야만 한다. 자신이 지원하는 산업을 이해하고, 지원할 디자인 회사의 작품을 눈여겨보며 그들의 마음에 드는 작품을 준비해야 하는 노력도 필요하다. 예체능의 경우 자신만의 작품을 만드는 것도 중요하지만, 실제 취업에서는 에이전시나 인하우스 회사에서 요구하는 맞춤형 포트폴리오가 절대적으로 중요하다.

이밖에 보건·의료·이공계열은 4차 혁명의 시대에 매우 직업 전망이 밝은 편에 속한다. 과거 인문·사회계열에 지원자가 쏠리던 것과 달리 지금은 어릴 적부터 수학, 과학에 대한 학습을 토대로 지식과 기술을 배우고 익혀 인공지능(AI), 정보통신기술(ICT), 사물인터넷(IoT), 빅데이터 등에서 활약하는 이공계열 세대의 시대가 도래했다. 이공계 출신은 인문·사회·예체능 전공자에 비해 4차 혁명의 산업을 이해하고, 적응하기가 용이하다.

다만 이공계열 분야도 비전공자가 취업하고 싶을 때 진입장벽이 무조건 높은 것은 아니다. 국가에서 지원하는 다양한 국가기관훈련, 사업주 훈련, 디지털트레이닝, SW 역량 강화 훈련 등을 통해 비전공자라도 짧게는 몇 달, 길게는 1년여의 교육 및 훈련을 통해 역량을 쌓아 취업할 수 있다.

만약 지원자가 4차 산업혁명 시대의 직업들에 관심이 많다면 어떡해야 할까? 3개월 이상의 교육이나 훈련을 받고 자격증 취득에서 업무 경험까지 쌓을 수 있는 길이 있다. 국민취업지원제도나 국민내일배움카드, 일경험 등을 제공받아 직무 역량을 쌓을 수 있는 곳, 바로 국가에서 운영하는 각 지역의 고용복지플러스센터 프로그램을 활용해 보자.

Part 2

취업 완성을 위한
내 앞길 찾기
노하우

1.

진심을 다해 노력하면
취업은 이루어진다

초기 직업상담사로 일하던 주민센터에서 일어난 일이다. 날이 뜨겁다 못해 가만히 있어도 땀이 줄줄 흐르는 햇빛이 쨍쨍한 여름 어느 날, 다리가 불편하신 한 장애인 어르신이 찾아오셨다. 60대셨고, 다리는 불편하셨으나 일상생활은 충분히 가능하신 정도였는데 그분이 경제적으로 너무 어려워 밥은 먹고 살 수 있게 일자리를 알아봐달라고 정중히 문의하는 것이었다. 기초생활수급자지만 자신도 일할 수 있다고, 생활이 가능하니 어떤 일도 할 수 있다고 힘찬 목소리로 본인을 소개하셨다. 그때 내가 가진 구인처 중에는 장애인 대상의 일자리가 거의 없었기 때문에 그분께 지금은 자리가 없다고 말씀드렸다. 순간 실망에 가득 찬 그분의 얼굴을 본 순간, 가슴이 아팠다. 내 역할이 일자리를 소개해 드리는 자리인데 아무것도 할 수 없다니…

그래도 혹시 모르니 그분의 연락처와 장애인 대상 일자리의 구직신청서를 등록했다. 주민센터에도 힘들게 오셨는데 실망스러운 얼굴과 불편한 몸으로 힘들게 돌아가시는 뒷모습을 보고 있자니 너무 죄송한 마음에 그날 하루는 손에 일이 잡히지 않았다. 그리고 다음 날부터 장애인센터와 월드비전, 지역의 자활센터 등에 연락하여 일자리를 알아보고, 지역의 대형마트에 장애인 일자리가 필요 없는지 확인했다. 하지만 소득은 없었다.

그렇게 일주일이 지났을까. 마치 운명처럼 다른 지역의 작은 중소기업을 운영하시는 사장님께서 주민센터에 일을 보러 오셨다가 내 자리를 지나치기 전 푯말에 'ㅇㅇ동 취업상담사'라는 것을 보시고 혹시 장애인 중 경비를 할 수 있는 사람이 없는지 물으셨다. 그 순간 나는 모든 사람들이 들릴 정도로 큰 소리로 "있습니다"라고 외쳤다. 순간 나도 놀랐지만, 그 사장님도 놀란 얼굴로 빤히 내 얼굴을 쳐다보셨다. 마음을 진정하고 차분하게 사장님께 적당한 분이 있다고 말씀드렸다. 그리고 원하시면 바로 면접도 보실 수 있다고 말씀드렸더니 그분도 다른 날을 잡아 그분을 보자고 하셨다. 사장님께서 가신 후 덜덜 떨리는 손으로 전화번호를 눌러 그분께 기쁜 소식을 전해드렸다. 전화 넘어 기뻐하시는 목소리에 나도 너무 신나서 사장님의 명함에 있는 회사명과 무슨 일을 하는 회사인지, 왜 장애인 경비를 채용하려고 하는지 세세하게 말씀드렸다.

그리고 두 분이 만나도록 약속을 잡고, 외부에서 면접이 진행됐다. 다리가 불편하신 거 외에 건강하셨고, 항상 깨끗하게 자신을 돌보던 분이라 당연히 면접 결과는 '오케이'였다. 회사 통근 차량도 있어서 불편하게 자전거를 안 타셔도 되었고, 위치도 그리 멀지 않아 정말 다행이었다. 며칠 후 어르신께서 다시 주민센터를 방문하셨다. 정말 고맙다고, 선생님 덕분에 일자리를 찾았다고, 이제 소원이 없다고 계속 허리 숙여 감사 표현을 하셨다. 나는 한 게 없다고 어르신이 오셔서 다 하신 거라고 말씀드렸다. 그리고 건강하게 오래 일하시길 바라는 마음에 지속적으로 연락하며 근속을 확인해 왔다. 그분께서도 매해 설날, 추석이 되면 문자나 전화를 해오셨다. 지금은 연령도 많으시고, 건강상 그만두셨지만, 초기 병아리 상담사로서 뿌듯했다. 그 일을 계기로 직업상담사가 세상에 왜 필요한지 새삼 알게 되었다. 또한, 취업하기는 매우 어렵지만 진심을 다해 노력하면 결국 취업도 이루어진다는 것을 또 한 번 보았기에 내 직업에 대한 사명감도 갖게 되었다.

※ 진심을 다해 취업을 이뤄낸 또 다른 이야기

현실은 작은 식품 가게 폐업을 앞둔 사장님, 어릴 적부터 꿈은 미용사였다. 하지만 가족들은 경제적으로 힘든 것을 고려해 요양보호사 훈련을 추천하고, 가족들의 의견대로 요양시설에 취업을 알아보려는 내담자가 오셨다. 연령이 50대인 것을 감안하여 당연히 요양보호사 훈련을 받게 하면 되겠다 싶었는데, 초기상담에서 그분이 울면서 가족들은 요양보호사를 하라고 하는데 자신은 오랜 꿈인 미용사가 되고 싶다고 하셨다. 경제적으로 힘들어 이 나이에도 본인 맘대로 할 수 없는 것에 속상하고 서럽다고 하시면서… 그 순간 50대 후반인 그분을 보며 예외적인 추천이 필요하다고 여겼다. 사실 바로 취업이 되는 요양보호사를 추천해 드려야 하지만, 더 이상 인생에 후회가 남지 않게 해드리고 싶었다.

우선 가족들에게 더 늦기 전에 미용사 자격증을 따고 싶다고 이야기해 보는 것을 조심스럽게 추천해 드렸다. 먹고 사는데 급급해하며 살던 '나'에서 이제는 하고 싶은 미용사를 한

번쯤은 해보고 싶다고 말이다. 그리고 다행히 어머니의 진심이 통했는지 가족들의 동의하에 미용사 훈련을 받게 되셨다. 미용사 시험이 어려워 과연 합격하실 수 있을까 하는 의구심도 있었지만, 정확히 2~3번의 도전 후에 합격 통지서를 받으셨다. 그리고 더 이상 바라는 게 없으시다며 "이 나이에 취업은 힘들겠죠?"라고 물으셨던 기억이 난다. 그래서 열심히 구직활동을 도와드렸다. 장년층을 상대하는 미용실에 구인정보를 찾아보고, 일일이 전화하며 확인한 결과 미용실에서 스태프로 일한 경험이나 미용 경험이 필요하다는 답변을 얻었다.

현실적으로 그분의 연령뿐 아니라 경력이 없다는 점을 감안할 때 당장의 취업은 어렵다고 판단했다. 그래서 그분께서는 경험을 쌓기 위해 요양시설의 자발적인 미용 봉사를 하기 시작하셨다. 그 봉사를 시작으로 노년층의 미용 봉사를 책임지면서 실전에 대한 자신감을 얻으셨고, 결국 어느 시장 골목의 장년층 사장님이 운영하시는 미용실에 취업을 하셨다. 마지막으로 뵈었을 때는 얼굴에 웃음 한가득한 표정으로 나를 바라보며 이제 더 이상 소원이 없다고 말씀하셨는데, 아직도 기억에 남는다. 진심을 다해 찾다 보면 나이를 불문하고 길은 보이기 마련이다.

2.

결국엔 해낸다!
청년들의 취업

대학 4학년인데 아직 자격증이나 실무 경험 등
취업 준비가 전혀 되어있지 않다고?

여기 고용노동부의 국민취업지원제도(前 '취업성공패키지')를 통
해 경제적으로 힘든 청년들이 6개월 동안 50만 원씩 생활 부
조를 받고 교육·훈련 등 취업지원서비스를 통해 취업에 성공
한 사례들이 있다.

주민센터에서 햇병아리 직업상담사의 딱지를 뗐을 무렵 고
용노동부의 취업성공패키지라는 사업에 전담 상담사로 근무
하게 되었다. '취업성공패키지' 사업은 직업상담사로서의 실력

과 경험을 한 단계 업그레이드해준 소중한 기회였다. 만 18세부터 69세까지 취약계층을 대상으로 하는 1유형과 이에 해당하지 않는 2유형으로 나누어 취업상담을 진행하고, 취업준비를 위한 교육 및 훈련 진행, 이력서 및 자기소개서 컨설팅, 면접 컨설팅 등 종합적인 구직 지원 서비스를 제공하는 취업 지원 프로그램이었다. 현재는 15세부터 69세까지의 국민들이 참여 요건을 갖추었을 경우 취업 지원 서비스를 제공받고, 생계를 위한 최소한의 소득도 지원받을 수 있는 기능이 강화된 국민취업지원제도로 변경되었다.

사업의 특성상 적극적인 참여 의사를 보이는 연령대가 대부분 청년층이었다. 그래서 의도하지 않게 강원특별자치도 원주시의 5개 대학(연세대학교 미래캠퍼스, 상지대학교, 강릉원주대학교 원주캠퍼스, 한라대학교, 경동대학교)의 청년들을 대상으로 골고루 모집하여 취업상담을 하는 기회를 얻게 되었다. 때로는 학교에 직접 찾아가서 상담을 하기도 하고, 때로는 학교 측에서 시설을 마련해주어 교내에서 사업을 진행하기도 했다. 초기상담으로 청년층의 현재 상황을 파악하고, 개인별 취업계획에 따라 훈련이나 교육을 받을지, 바로 취업 준비를 할지 결정한다. 그리고 취업을 희망할 경우 채용 정보 제공이나 취업알선, 이력서·자기소개서·면접 컨설팅 등을 제공하여 단계적으로 취업을 지원하도록 했다. 한마디로 취업 의지가 있으면 취업성공패키지를 하는 상담사와 상담을 통해 취업을 위해 훈련받고 취업을 하느냐 바로 취업을 하느냐의 차이가 있었다. 나에게는 어렵게 찾아온 청년을 국가의 사업 매뉴얼에 따라 어떻게든 취업을 시켜야 하는 국가적인 책무가 있었다. 무엇보다 매뉴얼이 있었기에 신입이더라도 함께 사업을 하는 동료들에게 배우고, 지역 고용센터의 최종 지휘 아래 차근차근 업무를 배워나갔다.

그런데 여기서 나의 흥미와 적성을 발견하게 되었다. 고등학생, 대학생, 주부, 중장년층 등 다양한 연령대의 취업상담을 진행하게 되었는데 유독 청년층에 대한 상담이 너무 재미있었다. 고등학교를 졸업하거나 또는 대학교 4학년인데 전혀 취업 준비가 안 된 학생들이 상담을 신청하면, 내가 도움이 된다는 사실에 보람을 느꼈다. 평소 정말 좋은 곳에 취업하고 싶은데 방법도 모르고, 졸업반인데도 취업에 대한 준비도 되지 않았고, 취업에 대한 정보도 없어 발을 동동 구르다가 우연히 학교에서 발견한 취업성공패키지 모집을 통해 극적으로 오게 된 경우가 많았다. 그들이 얼마나 절박하겠는가. 그런 이들에게 같은 과정을 겪은 나의 취업 경험에서 힘들었던 마음들을 공유하니 그들의 반응도 긍정적이었다.

"맞아요. 제가 지금 그래요. 취업 때문에 너무 괴로운데 무엇부터 해야 할지 잘 모르겠어요. 지금 제 마음을 어떻게 그렇게 잘 아세요?" 같은 공감이 가능했던 것이다.

취준생의 마음으로 허심탄회하게 얘기하며 마음으로 소통했지만, 해야 하는 실적 부분에서는 학과별 취업전략에 따라 상담이 진행됐다. 전공을 살려 취업할 것인지 완전히 다른 분야로 취업할 것인지 정한 다음, 전공을 살릴 경우 전공과 관련한 직무역량과 직무 경험을 쌓도록 지원했다. 또한 다른 분야로 갈 경우 교육이나 훈련이 필요하면 관련 교육이나 훈련을 진행하고, 필요하지 않을 경우 그 분야의 직무·산업·기업을 분석하여 취업 과정에 필요한 전문적인 취업 정보를 제공했다. 무엇보다 하고자 하는 의지를 가진 '친구'들이고, 내가

10을 주면 90은 해내는 '친구'들이라 학과별 중요한 취업 정보를 찾아내서 제공하며 취업에 최선을 다했다. 그 결과 상담 집중도와 취업 달성의 효과는 정말 대단해서 취업률 평균이 80%가 넘을 때가 많았다. 다른 상담사의 경우 취업성공패키지 취업사례 특성상 중소기업 정도의 기업에 취업시킨 경우가 많은데 나는 중견기업·대기업·공공기관·외국계 기업 등 스펙과 경험이 좋아야 하는 기업까지 취업시킨 경험도 여럿 있었다. 취업상담을 하다가 모르면 원주시립도서관에서 취업에 관한 책을 빌려 읽고, 최신 취업에 관련된 책을 수시로 주문해 섭렵했다. 또, 현직자 멘토링 사이트를 찾고, 먼저 취업한 선배들에게 어떻게 해서든 연락하여 합격 정보를 알아냈다. 청년층 상담을 하면서 가장 어려운 부분은 진로상담과 취업상담을 이해하는 것이었는데, 구별이 어려워 이론적으로 정립할 필요가 있어 대학생 진로 서적을 사서 읽고, 도서관 서적을 뒤지고 다녔다. 덕분에 대학교에서 일하는 동안 진로지도사 1급이나 직업상담사 1급까지 취득하게 되었으니 학생들에게 보다 전문적인 취업상담을 제공할 수 있었다.

의욕은 충만하고 열정은 가득 찬 청년들에게 국가에서 소정의 참여비를 지급하기까지 했으니 정말 다양한 학과의 학생들이 프로그램에 참여했다. 상담이 진행되었던 학과가 너무 많은데 가장 일반적인 인문·사회·예체능·이공계·보건·의료계열 등등 셀 수가 없다. 평소 익숙하지 않던 치기공과, 치위생학과, 응급치료학과, 환경공학과, 의공학과 등등 이런 학과도 있구나 싶은 다양한 학과의 학생들 덕분에 학과별 진로 및 취업 방향도 연구해야만 했다. 이를 토대로 학과에 맞춤형 교육 및 훈련을 추천하고 학과별 채용 정보 제공과 취업 알선을 진행했다. 다양한 학과와 개개인의 요청 사항이 다르고, 개인이 처한 사정도 모두 달랐기에 맞춤형 상담이 힘들었지만 어쨌든 상담을 받고 결국엔 해내는 학생들이 있었다. 그래서 1년에 100여 명을 상담하는 스케줄 속에서도 과정은 힘들지만 '결국 해내는' 청년층 상담을 많이 하면서 보람을 느끼며 '직업상담사'라는 직업에 희열을 느꼈다. 취업에 대한 고민에서 그치지 않고 학생들이 답을 찾도록 도와주고 싶었다. 청년들 덕분에 상담하다가 모르는 부분은 미친 듯이 찾아보고, 시간 가는 줄 모르고 취업 관련 책을 읽고, 주말에는 면접 컨

설팅을 진행하거나 서울의 국가직무능력표준(NCS) 교육에 참
여했다. 밤늦게까지 공부하며 직무분석, 기업분석 강의를 준
비하는 시간을 즐기는 나의 모습을 발견할 수 있었다. 나와
같은 과정을 겪는 이들이 있다면 그들에게 꼭 필요한 도움을
주고 싶었기 때문이다.

3.

직업심리검사는 진로를 정할 때 나에게 도움이 될까?

대학에서 상담을 진행하던 중
어느 대학생이 나에게 이런 질문을 했다.

"선생님, 과거와 달리 요즘 대학생은 무엇이 고민인 줄 아세요?"

순간 질문을 듣고 당황해서 답변을 바로 하지 못했다.

"선생님, 요즘 대학생들은 당장의 취업보다 내가 무엇을 좋아하고 무엇을 잘하는지에 따라 진로를 결정하고 싶어 합니다."

그 학생의 말은 전문적인 용어로 '좋아하는 일'은 흥미이고, '잘하는 일'은 적성을 의미하는데, 요즘 학생들은 '묻지마 취업'이 아니라 자신만의 흥미와 적성에 따라 직업을 갖고 싶어 한다는 것이다. 당연히 옳은 말이지만 우리 때와는 다른 격세지감을 느꼈다. 과거만 하더라도 계속되는 경제 성장과 사회 변화에 의해 졸업하면 자신의 흥미와 적성을 따지지 않고, 바로 취업하는 것이 일반적이었다. IMF와 청년층 인구 증가, 과열된 취업 경쟁으로 개인의 흥미와 적성보다는 아무것도 묻지도 따지지도 않는 곳에 '묻지마 취업'이 대세였기 때문이다. 하지만 그 학생과 상담하며 '이제 새로운 MZ세대가 왔으니 앞으로는 학생들에게 개인의 흥미와 적성에 맞는 맞춤형 진로·취업 상담을 진행해야겠구나'라는 결심이 서게 되었다. 청년층의 상담은 이렇게 어려워졌다. 단순 취업을 원하는 것보다 '돈'만큼 '나'에 대해 집중하는 요즘 청년들. 자신의 흥미와 적성을 찾아 원하는 것을 할 때 '행복'이 온다는 걸 알고 있는 것 같다. 뭔가 우리 때보다 지금의 상황이 부럽기도 하고, 그들 자체로 자신의 길을 찾아가는 것이 멋있기도 하다.

그래서 청년층 상담을 진행할 때 개인의 흥미와 적성을 찾는 것이 나의 주요 임무가 되었다. 그런 상황을 반영하듯 요즘 학교에서도 학생들의 진로를 찾는 데 도움을 주기 위해 홀

랜드 검사나 창업적성검사, 구직준비도 검사, eDISC검사, 버
크만검사, MBTI검사 등이 대세가 되었다. 내가 근무했던 연
세대학교 미래캠퍼스에서도 저학년은 진로상담을 위한 직업
심리검사를 필수적으로 실시하고 있고, 컨설턴트의 해석 상
담이 필수다. 그만큼 청년층을 위한 이론을 바탕으로 한 전
문적인 맞춤형 진로상담이 필요해진 시대가 되었다.

여기서 많이 등장하는 '진로'와 '취업'이 무슨 차이가 있는
가? 또 '진로상담'과 '취업상담'은 무엇이 다른지 궁금할 것 같
다. 교육학 용어 사전에 따르면, '진로'는 개인의 생애 및 직업
발달과 그 과정을 가리키는 포괄적인 용어이다. 과거에는 한
직업을 평생 고수하는 예가 많았기 때문에 진로를 직업과 동
의어로 취급했다. 그러나 현대에 와서는 직업의 종류가 다양
해지고 개인의 직업적 발달도 직업군(職業群)에서 직업군으로
옮겨가며 이루어질 수 있으며, 또 다수의 새로운 직업이 생겨
남에 따라 진로와 직업의 구별이 필요해졌다.

'직업'은 생계를 유지하기 위하여 자신의 적성과 능력에 따
라 일정한 기간 동안 계속하여 종사하는 일로, 일을 해야 하

는 시기에만 이루어진다. 반면 '진로'는 전 생애 동안 이루어지는 일로 이해하면 된다. 따라서 전 생애 동안 이루어지는 진로에 관한 상담은 꼭 필요하며, 자신이 좋아하고 잘하는 일이 무엇인지 알고 그 일을 할 때 후회하지 않을 수 있는 진로를 찾는 게 중요하다. 보통 대학생을 기준으로 할 때 1~2학년은 자신의 흥미, 적성, 성격, 가치관, 가족력 등을 기반으로 진로 탐색을 통한 진로상담을 하고, 3~4학년은 직무 경험, 구직기술, 직무역량 강화를 통해 취업을 준비하는 '취업상담' 체계로 이루어지고 있다.

자기 자신을 알아가는 진로상담을 위해 진행되는 직업심리검사에서 홀랜드 검사는 주로 개인의 좋아하는 일, 즉 흥미를 알아보기 위해 유용하며, 모든 국민이 관심이 있는 MBTI는 성격유형 검사이고, 직업적성검사는 잘하는 일을 찾기 위한 검사이다. 직업가치관검사는 직업을 선택할 때 가장 우선시하는 가치 순위를 알아볼 수 있고, 직업 선택 시의 우선순위에 따라 진로 및 직업이 바뀔 수 있다. 이렇듯 직업심리검사는 개인의 흥미, 적성, 성격, 가치관 등을 알아봄으로써 합리적인 진로 결정 및 직업 선택 의사결정을 위해 도움이 될 수 있으므로 검사를 받고 싶은 독자들은 국가에서 운영하는 고용24홈페이지(www.work24.go.kr)에서 위와 같은 검사(직업 선호도검사, 구직준비도검사, 창업적성검사, 직업가치관검사, 성인용 직업적성검사 등)를 실시해 자신을 이해하고 흥미와 적성에 맞는 진로를 결정하는 데 도움을 받아보자.

4.

직업심리검사로 알아보는
나의 진로 찾기

직업심리검사로
개인의 취업 방향을 바꾸다

어느 날 요양시설의 사회복지사로 근무하던 청년이 진로 고민이 있다며 방문했다. 상담을 해보니 그는 6개월마다 복지시설을 옮기며 이직을 반복하고 있었다. 이유를 물어보니 자신도 뚜렷이 원인을 찾지 못하고, 왜 자꾸 그만두는지 모르겠다며 혼란스러워했다. 그래서 자기 이해를 위해 직업심리검사를 진행했고, 진행했던 검사 중 직업가치관 검사를 통해 직업 선택의 1순위가 '경제적 보상'임을 알아냈다. 어릴 적부터 꿈이 사회복지사여서 대학 전공도 사회복지를 했고, 취업도 같은 방향으로 했는데 막상 월급을 받으면 최저시급 수준이었다. 그는 박봉을 받는 사회복지사라는 직업에 일한 만큼 경제적 보상을 받지 못한다는 자괴감이 들었던 것이다. 그렇다고 급여를 만족스럽게 주는 복지시설은 찾을 수 없었고, 냉철하게 볼 때 사회복지사로 돈을 버는 경우는 시설을 차려 직접 운영하는 방법밖에 없었다. 그래서 같은 경험을 반복하는 것을 그만두고 일한 만큼 버는 직업을 찾아보기로 결론을 내린 것이다.

청년층이 자신의 진로를 찾아가면서 결정할 때 가장 고려해야 할 부분이 흥미, 적성, 성격, 가치관 등이다. '흥미'는 '좋아하는 것'으로 무의식중에 평소 무엇에 관심 있는지, 재미있어하는 것이 무엇인지 선호하는 일을 찾는 것이다. '적성'은 '잘할 수 있는 것'을 의미한다. 잘 모르고 있었던 앞으로 잘할 수 있는 분야에 대한 일을 찾는 데 도움이 된다. 흥미는 '현재' 자신의 선호도를 알아보는 느낌이 강하고, 적성은 '미래'에 잘할 가능성 있는 분야를 찾는 것이라고 이해하면 쉬울 것이다. 흔히 어른들이 자녀들에게 '네가 좋아하는 일을 해라'라고 자주 언급하는데, 이는 '적성'보다 '흥미'의 측면이 강하다. '좋아하고 재미를 느끼는 일을 할 때' 시간 가는 줄 모르고 집중하게 되고, 재미있으니 즐기게 되어 잘하게 될 수도 있고, 결국 그 일을 오래 할 수 있기 때문이다. 하지만 좋아하는 일을 한다고 해서 모두가 앞으로 그 일을 잘하게 된다(적성)는 보장은 없다. 좋아하는 일을 해서 자기만족을 하지만 그 일을 해서 돈을 벌지 못한다면, 또는 그 일이 재미는 있는데 잘한다는 평가를 받지 못해 좌절하는 경우도 우리 주변에서 볼수 있지 않은가. 그래서 만약 자신이 하는 일에서 흥미와 적성에 일치한다면 운이 아주 좋은 것이고, 일치하지 않는다면 둘 중의 하나를 포기하고 차선을 선택할 수밖에 없다.

여기서 보다 합리적인 진로 결정에 도움이 되는 성격 유형과 직업 가치관도 살펴보는 것이 좋다. 자신의 성격이 외향적이냐 내향적이냐에 따라 편안함을 느끼는 직업 환경을 선택할 수 있기 때문이다. 자신은 지극히 내향적인데 우연히 '영업'이라는 직업에 관심이 생긴다면 어떻게 될까? 직업 가치관을 떠나 성격대로 보자면 '영업'이라는 직업은 힘들 수밖에 없다. 왜냐하면 내향인은 수많은 사람을 만나고 설득하며 함께 목표 달성을 해나가야 하는 '영업'이라는 직업에서 스트레스를 많이 받을 가능성이 크다. 내향인은 조용하고 사색적이며, 자신만의 영역에서 에너지를 얻는데 이는 영업에서 두각을 나타내는 외향인과 비교해 불리하기 때문이다. 외향인은 영업을 하면서 사람들을 끊임없이 만나는 것, 외부에서의 활동 등에서 에너지를 얻는 것을 선호하는 편이고, 조용한 일보다 '인간관계'와 '외적인 성공, 보상'에 더 치중하여 일에 있어서 더 적극적으로 행동해 성공하는 경우가 적지 않다. 그래서 많은 사람을 끊임없이 만나야 하는 외부 영업에서 내향인이 일하는 것을 힘들어하고, 엄청난 실적 스트레스를 받아 다른 사무직 일자리를 찾거나 그 일을 선택한 것을 후회하는 취업 사례를 많이 경험했다.

다만, 내향인임에도 일을 선택할 때 '직업 가치관'에 따라 외향인이 선호하는 직업을 선택하는 경우도 있다. 일을 선택할 때 우선순위가 '돈, 보상, 인정'이라면 내향인임에도 불구하고 성공을 위해 자신의 소심한 성격을 넘어서 매사 적극적인 자세로 내향인의 장점을 발휘해 성공적으로 자신의 역할을 다하는 경우도 있다. 따라서 '흥미, 적성, 성격, 가치관' 4

가지를 모두 이해하고, 실제 경험으로 확인하여 자신에게 맞는 직업을 선택할 때 후회하지 않는 사회생활을 하는 경우가 많다. 부디 이 책을 보시는 독자들도 직업을 선택하기에 앞서 이러한 직업심리검사를 실시해 보고 자신에 대한 이해를 바탕으로 합리적인 진로 결정을 하길 바란다.

5.

저학점으로
대기업에 가는 비법

학교 공부가 싫어 학점 관리에 실패한 학생이 있었다. 그는 학점이 형편없어 학사 경고 직전까지 갔다. 학교 공부에 전혀 관심이 없었으며 학교생활도 불성실했다. 그런데 몇 개월 후 희망 직무를 물류·유통으로 지원하여 대기업 3곳 이상에 합격했다.

앞서 나의 경우에도 보이듯 모든 대학생이 자신의 전공을 살려 취업하고 싶지만, 현실은 그렇지 못한 경우가 많다. 보건·의료·이공계열의 경우 전공을 살려 임상을 쌓고, 일에 필요한 지식과 기술, 국가자격증을 취득하여 관련 분야로 진출

한다. 인문·사회계열에서 새로운 직업에 도전하는 경우를 많이 봐온 사람으로서 말하자면 전공을 살려 취업한 경우는 아주 운이 좋은 경우이고, 대부분은 새로 직무역량을 쌓는 기간을 거쳐 다양한 분야로 진출하는 경우가 다수이다. 이 경우 대학 재학시절 다양한 아르바이트, 인턴, 공모전, 팀프로젝트, 동아리, 학술대회, 서포터즈 등의 자신만의 의미 있는 경험을 쌓는 경우 타 학생과 비교해 경쟁력이 생기기 때문에 취업에 유리하다. 업무에 필요한 직무역량(직무별 지식, 기술, 태도)이 있다는 것을 증명하기 위해 다양한 경험 및 경력으로 설득하면 되기 때문이다. 이것을 흔히 경험 면접에서 확인할 수 있다. 회사는 지원자가 회사와 직무, 업종에 적합한 사람인지 확인하기 위해 과거의 경험을 토대로 파악하고, 과거에도 그랬으니 미래에도 그러리라는 확신을 얻고 싶어 하기 때문에 경험과 경력들을 매우 중요하게 여긴다. 여기서 경험과 경력이 무슨 차이냐고 물으시는 분들이 있을 것 같은데 쉽게 표현하자면 경험은 돈을 받지 않고 활동한 행위이며, 경력은 일하는 대가로 금전, 보상 등을 받은 경우의 활동을 의미한다. 흔히 동아리, 팀프로젝트, 서포터즈 등을 경험으로 인턴, 아르바이트 등을 경력으로 인정한다.

경험 및 경력의 중요성은 스펙보다 개인의 직무역량을 보려는 기업의 채용에서 두드러진다. 학점이 2점대, 자격증 전무, 토익 점수가 없음에도 내로라하는 대기업, 중견기업에 합격하는 사람이 있다는 것을 대중매체에서 본 적이 없는가. 나는 직업 특성상 학생들이 좋은 기업에 취업하는 경우를 많이 들여다보는 편인데 우연히 TV에서 '취업의 신'이라고 불리는 사람을 인터뷰한 내용을 본 적이 있다. 학점도 나쁘고, 자격증도 변변찮고, 해외연수 경험이나 토익 점수도 없는데 대기업에 여러 곳 합격하는 사람들. 꿈같은 얘기지만 그런 경우가 존재하니 방송에 나오지 않겠는가. 그런 사람의 특징을 보면, 스펙이 아닌 자신만의 의미 있는 경험 및 경력을 내세워 면접에서 자신이 직무와 회사에 적합한 사람임을 설득했다는 것이다.

그런데 여기서 스펙이 없음에도 대기업에 취업한 사람과 보통 사람들의 가장 중요한 차이는 목표의 명확성 여부이다. 즉 마구잡이식의 경험을 가진 사람이 아니라, 하고 싶은 분야와 직무를 정해놓고 일관되게 준비해 온 사람들이 좋은 성과를 얻는다고 할 수 있다. 내가 알게 된 한 학생의 예로 들어보자. 그는 학교 공부가 싫어 학점 관리에 실패한 학생이었다. 어느 정도였나 하면, 학점이 형편없어 학사 경고 직전까지 갈 정도였다. 그리고 학교 공부에 관심이 없었으며 학교생활도 불성실했다. 그런데 몇 개월 후 희망 직무를 물류·유통으로 지원하여 대기업 3곳 이상에 합격했다. 그 비결을 알아보니 고등학교 때부터 물류에 관심이 많았다고 한다. 그때부터 물류에 관한 정보를 스크랩하고, 업종에 관한 분석을 해놓은 연구 보고서나 물류 동향에 관한 서적 등을 통해 물류 관련 지식을 꾸준히 쌓아왔다. 그리고 평소 물류라는 업종에 관해 현재 상황, 경쟁 업체 분석, 앞으로의 전망, 향후 성장 전략 등을 치밀하게 조사하고, 자신의 것으로 만드는 연습을 했다. 경험 및 경력으로는 쿠팡, 대한통운 같은 물류센터에서 기본 1년 이상 아르바이트를 하며 근속한 경력과 물류 관련 공모전 도전 경험이 있었다. 하고 싶은 분야에 대한 물류관리사 자격증과 물류에 관한 지식이 탑재된 것은 기본이었다. 학교 성적도 나쁘고 그 흔한 토익 점수도 없지만 자신이 오랫동안 관심을 두고 있고, 하고 싶었던 '물류'라는 분야에 대해 전문가적인 식견을 갖고 있었다. 그 때문에 모든 장벽을 넘어 대기업을 설득한 것이다. 이렇듯 전공을 살리지 않더라도 꾸준히 관심 있는 분야가 있고, 또 그것을 하기 위해 꾸준히 노력해 온 것이 있다면 어느 기업이든 취업은 충분히 가능하다는 것을 잊지 말아야겠다.

6.

대학 4년 동안
무엇을 해야 할까?

잠깐 짚고 가자면, 전문대나 고등학교의 경우를 제외한 건 직업상담사로 상담했던 대학 4년제 학생들의 사례를 중심에 두었기 때문이다. 내가 경험한 범위에서 그동안 만난 학생들 중 졸업과 동시에 성공적으로 취업한 경우를 토대로 했고, 그들이 어떻게 4년 동안 체계적으로 취업을 준비했는지 소개함으로써 학생들에게 조금이나마 도움이 되고자 했다. 그들의 준비 과정을 분석하여 정리한 아래의 내용을 보면, 대학 4년을 어떻게 보내야 하는지 알 수 있을 것이다.

우선, 대학 1학년. 처음 학교에 적응하고, 따라가는 데에만 엄청난 에너지가 필요하다. 뭐든지 생소하기 때문에 두렵기도 하고, 새로운 친구들과 잘 지내야 한다는 압박감이 있는 시기이기도 하다. 하지만 용기를 내서 수업을 같이 듣는 친구에게 먼저 말을 걸어보고, 기숙사 생활을 신청하고, 기숙사 생활 수칙을 따르는 것을 군대처럼 정확히 지키려고 노력하는 학생들이 많을 것이다. 또, 처음 수강 신청할 때의 그 떨림은 겪어본 자만이 알 것이다. 나는 학점을 잘 준다는 소문이 있는 교수님의 수강 신청에 실패했을 때 나라를 잃은 것(?)처럼 실망감을 느꼈던 적이 있다. 이러한 경험은 대학 신입생이라면 누구나 한 번쯤 겪을 수 있다. 그리고 학년별로 자신의 길을 찾기 위해 '하면 좋은 경험들'이 있는데, 이 책의 주제가 진로 및 취업 이야기라는 점을 고려하면 이러한 경험을 해보라고 적극적으로 권하고 싶은 말이 있다.

그렇다면 우선 대학 1학년은 무엇을 해야 할까? 당연히 공부에 대한 압박감보다는 성인으로 주어진 자유를 누리기를 바란다. 고등학교 때까지는 공부라는 압박감에 너무나 힘들었을 그들이기에 이때부터 공부와 취업 준비를 '빡세게(?)' 하라는 것은 너무 가혹하다. 그래서 학교에 처음 들어와 기숙사 생활, 수강 신청, 아르바이트, MT, 동아리 활동, 학과 활동, 체육대회 등등 학창 시절에 경험할 수 있는 모든 것을 경험하라, 하는 것이 남는 것이다.

물론 내성적이고 남들 앞에 서는 것이 힘든 학생들은 아마 친구들과 안면을 트는 것도 어려운 경우가 있다. 이건 개인 성향 차이니까 어쩔 수 없다. 다만 용기를 내어 친구, 수업, 동아리, 학생회, MT 등을 모두 참여하다 보면 개인 또는 조직에 대한 경험이 쌓인다. 우리가 흔히 전문용어로 진로 탐색의 시기를 1~2학년으로 정하는데 이때는 다양한 경험을 바탕으로 자신이 무엇을 좋아하는지 무엇을 하고 싶은지, 그리고 자신이 어떤 사람인지에 대한 사색이나 경험을 통해 깨닫는 시기이다. 학교 친구들과의 관계도 무척 중요해져서 저학년인 1학년부터 다양한 대외활동을 하고, 다양한 사람들을 만나다 보면 경험과 더불어 인간관계의 상호작용으로 인해 자신이 어떤 사람을 선호하고 싫어하는지 알게 된다.

'세상에는 정말 다양한 사람이 있구나' 하며 현실 인식이 되고, 스스로 어떤 사람이 되고 싶은지에 대한 깨달음이 생기기도 한다. 정확히 전혀 다른 얼굴들과 다른 환경에서 자란 친구들. 모두 다른 그들을 보며 우리는 대학이라는 세계에서 잘 모르는 사람들과 친하게 지내려 노력한다. 책을 읽으시는 독자 중에서도 처음 신입생이었을 때 어색하지 않으려 말을 먼저 걸거나 대화 중에 재미가 없어도 재미있는 것처럼 과한 리액션을 해주곤 했던 경험이 있을 것이다. 이 모든 노력(?)이 사회를 나가기 전에 경험하는 작은 인간관계다.

이런 대학의 경험이 중요한 이유는 대학 졸업 후 당장 취업을 준비할 때 도움이 되기 때문이다. '나'라는 사람이 어떤 사람인지 증명할 수 있는 최고의 방법은 '경험'을 통해 설득하는 것이다. 물론 누구나 대단한 해외연수, 인턴, 성공한 아르바이트 경험이 있는 것은 아니다. 기업이 앞선 인턴, 공모전 등 대단한 경험으로만 여러분들을 비교하고 판단하여 선택할 거라고 생각하는 것은 큰 착각이다. 오히려 학교에서의 적극적인 동아리 활동, 팀프로젝트, 학과 스터디 등등의 작은 경험들로 여러분의 진면목을 판단하는 경우가 많다. 또 대학에서의 인간관계 경험을 토대로 조직에서 사람들과 잘 적응할 수 있다는 것을 먼저 예상하게 할 수도 있다. 기업도 이러한 경험을 자기소개서에서 보길 원하며 자신만의 '의미' 있는 경험으로 회사에서 요구하는 인재임을 설득하면 된다. 그래서 1학년에서는 학교생활에 적응하고, 다양한 교내외 활동에 집중하면 된다.

진로 탐색의 시기답게 흥미를 느끼는 수업을 청강도 해보자. 1학년 때에는 수업이 고학년인 3~4학년보다 타이트하지 않기 때문에 평소 관심 있던 타과의 수업을 청강하는 것도 진로 탐색의 좋은 방법의 하나다. 국어국문학과를 전공하지만 디자인에 매우 관심이 많은 학생이 있다고 치자. 학년이 올라 구체적인 진로를 선택할 때 국어국문학에 적응을 못 하고 도저히 공부하기가 싫어 평소 좋아했던 디자인을 선택하고 싶다면 어떨까? 무턱대고 전공을 바꾸거나 그만둘 수는 없지 않을까? 이때는 타과의 수업을 들어가 보거나 전공 교수님에게 학업에 대한 진로상담을 받거나, 디자인 전공의 선배나 친구를 사귀어 정보를 얻자. 과연 국어국문학 전공을 포기하고, 디자인 전공으로 갔을 때 따라갈 수 있을지, 또 디자인에 대한 재능이 있는지 학과 교수나 전문가에게 자신의 작품이 있다면 보여주는 것도 좋은 방법 중 하나다. 만약 디자인을 좋아하기는 하지만 재능도 없고 잘하지 못한다는 평가를 받는 경우가 있다면, 나는 보통 취업컨설턴트로서 디자인, 회화 같은 예술은 취미로 하는 것이 어떠냐고 답변한다. 취미로 하다가 돈을 벌 정도로 실력이 향상된다면 그때 직업전환을 해도 늦지 않다.

대학 2학년이 되면 슬슬 전공에 대한 학업 압박이 강해진다. 자신이 선택하거나 선택할 전공 공부를 본격적으로 해야 할 시점이 점점 다가오면 그 수준이 어려워지며, 심지어 진도를 따라가기 어려운 수업이 나타나기 시작할 것이다. 다만 진로 탐색의 시기를 놓치지 말고, 이때는 교내외 대외활동을 통해서 경험을 쌓는 것을 추천한다.

예를 들어 학생들이 많이 하는 아르바이트, 공모전, 동아리, 학과 프로젝트, 학과 학술대회, 인턴, 논문 쓰기 대회 등을 고려해 볼 수 있다. 대학 졸업 후 '나'라는 사람을 나타내기 위해서는 앞서 얘기했듯이 경험만큼 좋은 소재가 없기 때문이다. 공부도 해야 하고, 대외활동을 해야 하는 정말 바쁜 시기. 벅찰 수 있지만 이 시기를 알차게 보낸다면 고학년이 됐을 때 '나'라는 사람이 어떤 사람이고, 앞으로 무엇을 하고 싶은지, 어떻게 살 것인지를 진지하게 고민하는 단계로 성장하는 경우를 많이 보았다. 이때 진로를 정확히 결정하지 않아도 좋다. 다양한 자극을 통해 하고 싶은 것들을 하나씩 해나가는 것을 추천한다.

대학 3학년이 되면 본격적인 학업 지옥(?)이다. 전공이 매우 어려우며 깊이 있는 지식을 배운다. 또, 3학년 때는 학년별 다양한 경험을 바탕으로 진로 설정이 가능하다. 학과 공부에 집중할 수밖에 없으며 대외활동은 할 수 있다면 아르바이트나 인턴 등 깊이 있는 경험이 좋다. 취업역량을 강화하기 위해서이다. 아르바이트를 빼놓지 않고 언급하는 것은 아르바이트하는 것이 자신을 이해하는 데 도움이 되기 때문이다. 구체적인 예를 들어보자.

편의점 아르바이트를 하는 학생을 상담한 적이 있다. 그는 누구나 하는 편의점 아르바이트를 한다고 해서 취업에 도움이 되냐고 나에게 물은 적이 있다. 그래서 내가 다시 물었다.

"영민 학생(가칭)은 편의점 아르바이트를 하면서 손님이 많거나 적으면 어떤 마음이 드나요?"

"손님이 많으면 바빠서 시간이 잘 가서 좋아요. 그리고 손
님들이 이것저것 질문도 하셔서 대답하다 보면 친해져서 자
주 방문하는 단골도 많이 생겼어요. 그래서 사장님이 시급도
올려주시고요."

그 대답을 듣고 내가 질문했다.

"일할 때 사람이 두렵지 않고, 사람이 많을수록 즐겁군요.
시간도 잘 가고. 그러면 손님이 없을 때는 기운이 나지 않고,
시간도 가지 않겠네요."

"네, 맞아요. 손님이 없을 때는 정말 시간이 안 가서 하기
가 싫어요."

내가 이어 대답했다.

"영민 학생(가칭)은 그럼 나중에 일을 할 때 혼자서 떨어진
독단적인 근무 환경이 아닌 사람들과 어울리며 상호작용을
하는 그런 직업이 더 맞지 않을까요? 사람들로부터 에너지를
얻고 보람도 얻잖아요. 그렇죠?"

학생이 고개를 끄덕였다.

"제가 외향적인 성격인 건 알았는데 어떤 근무 환경을 선

호하는지는 몰랐던 것 같아요. 그런데 정말 듣고 보니 그러네요. 저는 조용하고 정적인 분위기에서 일하는 것보다 함께 '으쌰으쌰' 하며 일하고 싶어요. 앞으로 직업을 정할 때 참고하도록 할게요"

거창한 아르바이트가 아니어도 좋다. 누구나 하는 아르바이트라도 의미 있는 경험으로 받아들이고, 그 경험 속에서 무언가를 얻어간다면 그것은 자기를 알아가는 소중한 자산이 된다. 대학 3학년이 됐을 때 또 시작해야 하는 것이 있는데, 자신이 하고자 하는 일에 대한 자격증을 따고, 기술을 익히는 일이다. 자격증은 전공과 관련한 것도 좋고 앞으로 하고 싶은 일에 관한 것이라도 좋다. 대학 4학년이 되면 바로 회사에 지원하기 위해 입사서류와 면접을 준비해야 하기 때문에 바빠서 자격증을 따놓을 시간이 부족하다. 방학을 이용해 자격증을 따거나 교육, 훈련을 받아보자. 하고 싶은 일을 찾고, 잘 준비하고 있다면 알찬 3학년을 보내고 있다는 것에 뿌듯함을 느낄 것이다.

고학년인 4학년이 되면 이제 실전이다. 본격적인 취업 준비

시기가 도래한 것이다. 1학년부터 3학년까지 다양한 경험과 학업을 통해 진로 탐색−진로 설정이 이루어졌다면 취업에 필요한 취업 역량 강화와 구직 기술을 향상하는 데 최선을 다해야 한다. 이는 입사서류 작성의 노하우를 기르고, 면접 연습을 통해 자신을 표현하는 데 두려움이 없어야 하며, 직무분석·회사분석·산업분석을 통해 지원하고 하는 직무나 직업에 대해 직무역량(지식, 기술, 태도, 능력 등)을 파악하고, 가지도록 노력해야 한다. 4학년이 돼서도 무엇을 하고 싶은지, 뭘해야 하는지조차 모른다면 저학년 때부터 자신이 하고 싶은것에 대해 준비해 온 다른 경쟁자들에 비해 취업이 늦어지거나 경쟁력이 낮아지는 것은 당연하므로 이것은 전적으로 본인이 책임져야 할 것이다.

TIP: 대학 4학년이 되어 '취업은 해야겠는데, 무엇을 해야 할지 모르겠어'라는 문장이 떠오른다면 이것은 나의 경험이자 여러분의 씁쓸한 이야기이다. 대학을 다니면서 해야 할 버킷리스트까지는 아니어도 최소한 학교를 다니며 좋아하고 잘하는 것이 무엇인지는 알아가며 자신의 길을 찾자.

선호하는 전공을 선택하고 열심히 공부한 뒤 전공을 살릴지 아니면 다른 진로를 찾아야 할지 결정하는 것부터가 시작이다.

7.

내가 좋아하는 일을 할까?
잘하는 일을 할까?

의공학을 전공하는 학생이 상담을 신청했다. 학점도 4점대이고, 어학점수도 높고, 의공학 관련 RA 교육 및 훈련도 마친, 취업에 준비된 학생이었다. 하지만 자신은 음악이 좋고, 기타를 치고 있을 때 살아있음을 느낀다고 고백한다. 그가 잘하는 건 의공학 관련 분야지만 시간 가는 줄 모르고 좋아하는 건 기타 치는 것이었다. 그래도 그에게 의공학분야가 싫지 않고, 남들보다 빨리 배우고, 인정을 받는 편이라면 잘하는 것을 진로로 삼을 것을 추천했다. 좋아하는 것이긴 하지만 기타 연주는 냉정하게 봤을 때 잘하는 사람이 너무 많다는 사실을 그도 알고 있었다. 자신의 기타 연주 수준이 프로급이긴 하지만 직업으로 삼기에는 부족하다는 사실을 전문가에게 확인도 했다. 그래서 일단은 스트레스 해소를 위해 취미로 기타를 치다가, 나중에 기타 연주 수준이 돈을 벌 정도라고 대내외적으로 인정을 받을 때 제2의 직업 전환으로 고려하자는 결론을 내리며 상담을 종료했다.

직업심리검사(홀랜드 검사, 스트롱 검사, 진로사정검사 등 흥미검사)를 통해 알게 되거나 또는 살아오면서 재미나 즐거움을 느끼는 '흥미'는 진로를 정할 때 결정적인 동기가 되곤 한다. 하고 있으면 시간 가는 줄 모르고 빠져 있으며, 재미있으니 즐겁고 오래 일할 가능성이 크므로 그 일에 대한 애정으로 장기근속 욕구도 커진다. 흥미가 있는 직업을 선택하면 경력이 쌓일수록 전문가가 되고, 관련 지식이나 기술도 숙련되어 점차 사람들이 찾는 사람으로 성장하게 된다. 처음에는 직업을 선택할 때 여러 가지 대안 중에서 방황하게 되지만 자신이 하고 싶은 것(흥미)을 알게 되면 그 후에는 무섭게 성장하는 사람들을 볼 수 있다.

다만 흥미를 느낀 직업을 선택했으나 그 일을 오래 했음에도 그저 그렇거나 잘한다는 평가를 외부에서 받지 못하는 경우도 있다. 바로 '일을 잘한다'는 것과 관련된 적성에는 맞지 않는 것이다. 직장에서 많은 시간을 투자해 일을 해도 잘한다는 소리를 듣지 못한 사람이 있는 것이다. 반면 입사한 지 얼마 안 된 신입이나 경력자가 너무도 쉽게 자신의 일을 해내는 모습이나, 혹은 동일한 조건에서 "와, 저 사람 정말 일을 잘한다"라는 감탄이 나오게 하는 동료를 본 적이 있을 것이다. 직장에서 많은 시간을 투자해 일을 해도 일을 잘한다는 소리를 듣지 못하는 것은 자신의 흥미와 적성이 다를 때 벌어지는 간극 현상이다. 흥미와 적성이 일치하는 일을 한다면 더할 나위 없겠지만 현실은 그렇지 않은 경우가 많다.

그래서 하는 일이 흥미와 적성에 일치하지 않는다면 우선순위에 따라 선택해야만 한다. 좋아하는 일을 할지, 아니면 잘하는 것을 할지 말이다. 현실적으로 보통은 좋아하는 '흥미'를 따랐을 때 오래 하다 보면 잘하게 되고, 인정받게 되는 경우를 흔히 볼 수 있어 일반적인 경우 어른들에게서 '좋아하는 일을 하라'는 조언을 많이 받게 된다. 이 조언에도 마음에 들지 않는 경우에는 앞서 언급한 대로 자신의 성격이나 직업

가치관 등을 추가로 파악하여 직업을 선택할 때 도움을 받으면 된다. 직업심리검사를 토대로 흥미와 적성, 성격, 가치관 등을 파악함으로써 진로 및 직업에 대한 방향과 범위를 좁히자. 그리고 검사로 도출된 직업들을 탐색하여 하나씩 자신에게 맞는 직업이 무엇인지 직접 경험하면서, 맞지 않는 직업을 지워나가는 작업을 해보자. 여러 가지 대안 중 이론적인 경험(직업심리검사)을 했으니 그 후에는 주관적인 직접 경험으로 확인해 보는 시간을 갖는 것이다. 그러면 결국 어떤 직업이 자신에게 맞는지 알게 될 것이다.

8.

아무것도 하지 않으면
아무 일도 일어나지 않는다

'그냥 쉬는' 청년 44만 역대 최대⋯ 75%는
"구직 의사 없다"

통계청 고용동향 분석에 따르면 청년층 가운데 '쉬었음' 비중
이 5%를 넘는다. '쉬었음' 청년 가운데 42.9%는 구직활동을
하지 않은 이유로 '원하는 임금 수준이나 근로조건이 맞는
일거리가 없을 것 같아서'를 꼽았다. (2024.8.18. 강원도민일보
발췌)

청년층 취업에 관련한 가장 최근 기사를 가져와 보았다. 기
사에 제시한 현상은 청년들이 원하는 일자리 조건과 기업에

취업은 나만 어려운 게 아니었어

서 제공하는 일자리 조건이 맞지 않기 때문에 일어난다. 청년들은 취업할 때 대기업 수준의 임금과 복지, 근무 환경 등을 희망하지만 현실은 전체 기업 중 대기업은 0.12%에 불과하고, 99.8%가 중소기업인데 중소기업에서 제공하는 조건은 청년들이 요구하는 것에 한참 못 미치는 경우가 많기에 취업을 포기하는 경우가 많다.

이들이 겨우 취업시장에서 다시 도전했을 때는 다른 지원자에 비해 도저히 취업을 위한 준비가 안 되어 있을 경우가 많다. 이때, 자신의 취업 준비 시간이 필요하다는 것을 깨닫게 된다. 특히, 지원하고자 하는 직무에서 역량이 부족해 그것을 채우기 위한 시간을 2년 이상 쓴 경우에는 면접관이 취업 준비 기간이 너무 길었다고 판단하여 반드시 그 공백 기간의 이유를 물을 것이다. 공무원 시험이나 공공기관 입사 준비, 로스쿨 등을 이유로 들어 공백이 있었다고 하는 경우에는 수긍하지만, 아무것도 하지 않은 상태로 2년 이상을 그냥 흘려보냈다는 경우에는 변명의 여지가 없으므로 취업에 마이너스가 된다는 점을 잊지 말자.

쉬더라도 무슨 이유로 쉬는지 이유가 분명할 때, 쉬는 기간 동안 무엇을 할지 계획을 세우고 활동할 때는 문제가 되지 않는다. 지원하고자 하는 직무에서 역량이 부족하여 쉬는 기간 동안 어떤 역량을 채워나갈지 고민한다면, '그냥 노는' 백수가 아니라 취업준비생의 모습으로 답변할 수 있을 것이다.

'아무것도 하지 않으면 아무 일도 일어나지 않는다'라는 말이 있다. 그냥 쉬면 당장에는 좋겠지만 그만큼 성공 기회가 사라지는 것이고, 시간 낭비일 뿐이다. 급여 수준이 낮고 복지도 좋지 않지만 중소기업에 입사하여 2년간 경력을 쌓고, 더 좋은 중견기업이나 대기업에 점프하는 경우도 많다. 뭐라도 해야 기회가 생기지 않겠는가. 자신이 현재 하는 일이 있고, 그 일을 하기 위해 어떤 노력을 하고 있다면 언젠가 기회가 오기 마련이다. 사람은 일생 동안 몇 번의 기회가 온다는 사실은 누구나 알고 있을 것이다. 그 기회는 아무것도 하지 않으면 오지 않기 마련이다. 작은 아르바이트 등 무엇이라도 최선을 다해야 기회가 오지 않을까?

한 예를 들어보자. 대학 졸업 후 편의점 아르바이트 외 아무것도 하지 않는 후배를 알게 된 적이 있다. 대학을 다니며

취업은 나만 어려운 게 아니었어

짧은 파트타임 동안 편의점에 근무하며 성실하게 2년 넘게 근속했더니 사장님의 신망을 얻고 졸업 후 매니저로서 승격되어 1년간 근무하고 있었다. 처음에는 취업 목표를 대기업으로 삼고 준비해 왔지만 계속 낙방하여, 그냥 쉬기에는 그래서 편의점 일을 계속하고 있었다. 그렇게 편의점 아르바이트는 계속하면서 다른 기업 취업도 도전했지만 원하는 대로 잘 안 되었다. 자격증 따는 것도 만만치 않아 간신히 컴퓨터활용능력 1급을 땄을 때 자신이 일하는 GS 리테일에서 낸 '편의점 영업 관리 직무에 대한 채용공고'를 우연히 보게 되었다. 그것을 본 순간 그는 '이거구나!'를 외쳤다고 한다. 대기업인 GS리테일 지원 자격에 편의점 매니저 경력자의 경우 서류 통과를 시켜준다는 우대조건이 있었기 때문이다. 뜻하지 않게 관련 자격을 갖춘 것이었다. 관련 서류를 준비하고 자신이 평소 일했던 편의점에 대한 업계 현황뿐 아니라 경쟁사 비교, 앞으로의 편의점 성장 전략 등에 관해서도 준비했다.

그는 자신이 이 업계에 대해 많은 관심이 있었고 직접 근무하면서 편의점 사업이 어떤 장단점이 있는지 느끼고 있었기에, 편의점마다 돌아다니며 사장님들을 통해 편의점 운영 현황을 자세히 조사할 수 있었다. 이를 토대로 애로사항과 앞으로의 개선 방향 등을 정리했고, 그것을 기반으로 직무분석과 업종·기업 분석을 준비해 본사에 지원할 때 보여주었다. 그리고 결국 꿈에 그리던 대기업 영업관리직 취업에 성공하게 되었다.

이처럼 작은 아르바이트라도 진심을 다해 열심히 한다면 언젠가 기회는 온다. 이런 사례는 또 있다.

주변에 작은 PC방 아르바이트를 몇 년간 열심히 한 학생이 있었다. 그런데 사장님이 보기에도 평소 작은 일에도 최선을 다하는 학생의 모습이 인상적이었던 것 같다. 그 학생에게 감동한 나머지, 다른 사업을 하는 사장님에게 학생을 추천했다. 운 좋게도 그분께서 급하게 사람을 구하는데 자기가 믿고 맡길 수 있는 성실한 사람을 찾는다는 말을 들은 것이다.

"내가 몇 년간 같이 일하고 있는 정말 괜찮고 건실한 청년이 있는데 만날 볼 텐가? 그 아르바이트생은 다른 아르바이트생처럼 시간만 대충 때우지 않고 일, 청소, 친절한 손님 응대 등 최선을 다해 일하는 청년일세. 지난 3년간 한 번도 지

각, 결석을 안 하고 항상 최선을 다해 일해왔어. PC방 아르바이트만 하기에는 너무 아까워서 얘기하는데, 믿을 수 있는 사람을 원하면 한번 만나보지 않겠나?"

얼마 후, 그 청년은 실제 면접을 보고 수습으로 몇 달간 근무하고 나서 안정적인 직장을 얻게 되었다. 지역의 유망한 중견기업이었는데, 그곳에서 그의 성실함과 책임감을 인정한 것이다.

기회는 언제 어디서 생길지 모른다. 아무것도 하지 않으면 기회 자체가 없으며, 아무 일도 일어나지 않는다는 사실을 기억하자.

Part 3

취업 완성을 위한
1등 필살기

1.

취업에 필요한 건
스펙보다 직무역량

지금 생각해 보면 나에게 취업은 처음에는 너무나 어려웠지만 경험치를 쌓다 보니 결국엔 잘할 수 있는 분야가 되었다. 앞서 10개 이상의 직업에 도전했을 때 80% 이상은 면접에서 합격이라는 결과를 얻어냈기 때문이다. 물론 공공기관이나 금융권 등 제도권 직업에 도전했을 때는 까다로워서 그당시 면접에서 성공과 실패의 반반을 경험했다. 면접에서 합격한 대다수의 경우를 보면 직무역량을 보는 면접은 적었고, 회사에서 어떻게 일할 것인지 진심을 다해 말할 때 합격 확률이 높았던 기억이 있다.

과거에는 면접에서 좋은 인상과 수려한 말솜씨, 직무와는 상관없어 보이는 다양한 질문, 결과적으로 알 수 없는 기준으로 합격하는 경우가 많았다.

2000년대에는 '비구조화 면접전형'으로 인해 지원자의 학벌, 전공, 학점, 해외연수, 자격증, 봉사활동, 토익 점수, 인턴, 신체 사항(키, 몸무게, 시력 등), 부모의 직업 등 7대 스펙은 물론 8대 스펙 이상을 중요시했다. 즉, 직무와 상관없는 기준으로 불합리한 채용이 진행되는 경우가 다수 있었다. 과거에는 취업하는 데 왜 키, 몸무게, 시력 등을 보며 부모 직업은 왜 보는지 반감도 들었지만, 그 시절 대세였기에 따를 수밖에 없었다. 워낙 방대하게 취업 조건을 따지다 보니 무슨 기준으로 뽑혔는지 모를 구직자가 많았다. 기준이 모호했다. 그래서 뽑힌 사람들을 분석해 보면 컴퓨터 및 각종 자격증은 많은데 실제 문서 작성을 못 한다거나, 다수의 화려한 경험이 있는데 실제 업무를 이해하지 못하는 경우, 토익 900점 이상인데 영어 회화를 못 하는 사람들이 있었다.

또, 지원한 회사 임원 중에 자신의 부모가 있다는 것을 이력서에서 넣을 수 있어서 우선 합격이 정해져 다른 학생들이 면접에서 들러리 신세가 되며 취업에 불이익을 받는 경우도 있었다. 취업 시장에서 과도한 스펙 쌓기와 '묻지마 취업'의 경우가 비일비재했다. 결국 국가적으로 스펙을 준비하기 위한 학생들의 과도한 노력과 비용적인 측면에서 낭비되는 부분이 많았고, 스펙이 아무리 훌륭해도 그게 반드시 일을 잘한다는 의미는 아니었기에, 일을 잘하는 사람을 제대로 뽑지 못하는 경우가 생기곤 했다.

현재는 직무역량 중심 채용으로 '구조화된 면접'이 대세가 되었다. 2015년 국가직무능력표준으로 불리는 NCS(National Competency Standards)가 등장하며 과거의 불합리하고 불공정한 채용이 정리되기 시작했다. NCS는 과거 기업의 인재상이 뭐든지 두루두루 잘하는 사람을 중요시하는 'BEST PEOPLE' 선호도에서 현재는 자기 일을 잘하기 위한 직무역량을 쌓은 '적합'한 사람, 'RIGHT PEOPLE'로 변화되었다. 다른 것은 필요 없이 자신이 하는 일에서 '직무 적합성'이 어떤지 보고, 지원하고자 하는 회사의 인재상이나 핵심 가치와 맞는 지원자를 평가하는 척도인 '회사 적합성', 그리고 직장에서 기존의 직원과 화합하고 잘 어울리는 사람을 평가하는 척

도인 '조직적합성'을 합격의 기준으로 삼는다. 구조화된 면접으로 인해 면접 평가 기준이 투명해졌으며 누구도 불공정하지 않게 학벌, 외모, 재산 등을 따지지 않는 블라인드 채용으로 공평한 심사가 되도록 변하고 있다.

물론 아직 공공기관을 제외하고 모든 기업이 NCS를 선택·적용하지는 않는 것이 사실이나, 대기업이나 중견기업 이상 시스템이 구조화되어 있는 기업은 공정한 채용을 위해 직무역량(지식, 기술, 태도, 능력)을 갖춘 인재를 우선 선발할 수 있도록 '구조화된 면접전형'을 진행하고 있다. 학벌이나 스펙보다 실제 맡은 일을 잘할 줄 알고, 회사에 대한 애사심을 기반으로 회사에 기여할 수 있는 부분을 제시하여 설득하는 사람, 조직과 잘 융화되는 사람으로 회사가 목표로 하는 인재상과 일치하는 사람이면 취업이 가능해진 것이다.

요즘 청년들은 화려한 스펙보다 자신이 하고 싶은 분야에서 꾸준히 능력을 쌓고, 그 기술을 인정받아 취업에 성공하고 있다.

어느 무더운 여름날 나에게 찾아온 요리에 진심인 청년이 있었다. 작은 규모의 지방 호텔에서 주방장으로 일하다가 근무 환경이 너무나 열악하여 이직을 결심하고 직장을 그만두었다. 그런데 면접을 볼 때마다 너무나 긴장해 자신의 이야기는 못 하고, '예', '아니오'라고 답변만 하며 계속 낙방했던 요리사였다. 고용노동부 사업의 면접 트레이닝을 통해 취업시킨 사례인데 그는 이미 중학교 때부터 요리를 배우기 시작해 요리 고등학교를 나와 요리 경력이 어마어마했다. 한식 조리사부터 시작해 양식·일식조리사 자격을 모두 취득하고 처음 현장실습을 했던 곳에서 10년을 근무했다.

심지어 요리사의 근무 환경은 상당히 빡빡했다. 기본 12시간 이상 근무는 물론이거니와 허드렛일을 하는 주방보조에서 시작해 책임자인 요리주방장이 되려면 기본 10년 이상의 경력이 필요했다. 또, 자신의 꿈이었던 호텔 주방장이 되려면 경력이 20년 이상이 되거나, 또는 요리 대회 수상이나 인맥과 경험 모두 필요한 세계였다. 작은 호텔이었지만 기쁘게 주방보조로 시작했던 그녀는 하루 12시간 이상의 근무로 몸이 너무 힘들었다. 업무의 강도가 지나치게 세다고 느꼈지만 자신이 하고 싶던 일이고, 어릴 적부터 이게 아니면 안 된다는 확신이 있어 고등학교 졸업 후 그곳에서 10년간 근무했다. 그러나 작은 호텔에서의 경험으로만 그치기에는 그녀는 꿈이 있었다. 조금 더 유명한 호텔에서 자기 능력을 인정받고 자신의 커리어를 업그레이드하고 싶었다.

그래서 이직하려고 하는데 면접 경험이 없다 보니 질문이 들어오면 멀뚱히 면접관을 쳐다보기 일쑤였다고 한다. 실력은 요리로 증명할 수 있으나 면접에서의 말솜씨가 부족하다 보니 정말 가고 싶던 호텔에서 낙방하고 나를 찾아왔다. 자신은 정말 잘할 자신이 있는데, 면접관들에게 그것을 설득하지 못하는 것이 너무나 분했다고 울며 하소연했던 기억이 난다. 내가 보기에도 한 가지만 파면서 이 자리까지 왔는데 인정받지 못하는 것에 대해 그녀의 억울함을 공감하고 그 즉시 면접 트레이닝에 돌입했다. 요리에 대한 역량과 자신감을 말로 표현하는 연습을 시작한 것이다. 처음 1시간, 그다음 주 2시간, 그리고 또다시 2시간의 연습. 그녀가 자기 역량에 대해 자신 있게 말로 표현할 때까지 연습은 반복되었다. 면접에서 너무 긴장해 계속 떨어지던 자신을 떠올리며 괴로워하던 그녀에게 물었다.

"선희 씨(가명)는 면접을 볼 때 보통 시간이 얼마나 걸리셨을까요?"

그녀는 대답했다.

"길면 30분 짧으면 15분 안에 끝난 적도 있던 것 같아요. 그런데 질문의 의도는 알겠는데 평생 주방에서 말 안 하고 일만 하다 보니 내가 원하는 말이 잘 안 나오더라고요."

나는 다시 그녀에게 말했다.

"그 짧은 시간 동안 느껴졌던 면접의 고통과 자신이 지난 10년을 걸어온 요리사의 길과 한번 비교해 보시겠어요? 그 둘 중에 어떤 게 더 어렵고 힘들었나요?"

"당연히 지난 10년 이상 걸린 요리사의 경험이 너무 힘들었죠. 새벽부터 일어나 재료 손질하느라 잠이 늘 부족한 건 예사였고, 손은 항상 퉁퉁 붓고, 다리는 하루 종일 서 있다 보니 너무 아파서 밤에 잘 때 마사지를 하지 않으면 잠을 잘 수가 없었어요. 쉬운 게 없더라고요. 그걸 참으며 내가 좋아하는 요리를 10년 이상 해내다 보니 요리에 자신이 생긴 거죠"

"그렇다면 우리 계속 이렇게 생각합시다. 면접 30분은 내가 힘들게 지나온 길에 비하면 아무것도 아니다. 나는 요리에 무엇보다 자신 있고, 잘할 수 있다. 그것을 요리로 증명할 수 있다라고요."

그녀가 가져야 할 것은 면접에서의 자신감이었다. 그것을 말로 표현하는 기술을 연습하는 것이 최선이었다. 그래서 구직 기술 향상을 위해 사전 면접 연습 질문을 정리해 말하는 연습을 계속했다. 젊은데도 너무나 대단하고 요리에 큰 열정을 가졌기에 자신감을 갖고 면접에 임한다면 면접관을 설득할 거라고 확신했다.

그녀는 면접관 입장에서 설득당하도록 자신이 잘하는 분야의 경력을 통해 어떤 능력을 키워왔는지 풀어서 설명하는 연습을 하고(직무 적합성), 손님을 어떤 자세로 받아들일 것인지를 언급하여 진정성 있는 답변을 훈련했다. 그리고 주방 사람들과 어떻게 어울릴 것인지(조직 적합성), 왜 이 호텔에서 일해야 하는지(회사 적합성), 그리고 애정을 갖고 도전한 계기와 신입으로서 어떻게 적응할 것인지를 자기 경험을 토대로 이야기하려고 노력했다. 물론 가장 중요하게 여긴 점은 3~4명의 수석 주방장들 면접관 앞에서 자기 일에 대해 자신감 있게 이야기하는 것이었다.

이런 노력으로 결국 그녀는 면접의 두려움에서 벗어나 면접을 보는 곳마다 합격하기 시작했다. 자신이 가장 가고 싶던 곳에 간 것은 당연하다. 항상 면접에서 자신에게 실망하던 면접관들만 보았는데, 한 면접관이 이렇게 말했다고 한다.

"정말 완벽한 면접이었다. 이렇게 훌륭하게 답변하는 면접자는 처음이었다. 고생하셨다. 같이 일해봅시다."

그녀는 자신의 역량과 자신감으로 자기 자신을 이긴 것이다. 후에 계속 감사하다고 인사하며 찾아오는 그녀를 돌려보내며, 취업에 필요한 건 자기 능력을 증명할 수 있는 실력(직무 역량)과 자신감이라는 것을 다시 한번 확인했다.

"사람들은 네가 얼마나 열심히 했는지가 아니라, 얼마나 능숙하게 해냈는지를 본다."

— 영화 『악마는 프라다를 입는다』(2006) 중에서

컨설턴트: 직장에서 인정받기 위해 '역량'은 필수입니다. 기업은 그냥 빈둥빈둥 하루를 때우는 사람들에게 월급을 주는 게 아니라 회사에 돈을 벌어다 줄 사람을 채용하려 하고, 성과를 내게 하기 위해 여러분을 이용하는 냉정한 세계임을 잊지 마세요. 각 회사에서 성과를 내는 사람들의 공통적인 행동 특성을 정리한 것이 '역량'입니다. 그 '역량'을 갖춘다면 채용되는 건 당연한 이야기입니다.

2.

취업에 이르는 길
'자기분석-직무-업종-회사'

"선생님, 대학 4학년이라서 취업은 해야 하는데 지금 학교 다니면서 내내 카페 아르바이트만 해서 무엇부터 준비해야 할지 잘 모르겠어요. 너무 막막합니다. 제가 원하는 취업은 어떻게 하나요?"

경영학과를 다니며 4학년 2학기에 상담을 신청한 남학생의 물음이다. 갖고 있는 자격은 컴퓨터활용능력 1급이 전부. 직무 경험으로는 카페 아르바이트를 오래 해서 카페 매니저로 3년째 근무하고 있었다. 면접은 카페에 들어갈 때 봤던 경험이 전부였다.

하지만 취업으로 카페나 요식업은 절대로 싫단다. 그러면 학교에서 면접이나 자기소개서 작성에 대한 취업에 관한 교육이나 특강을 참여했는지에 대해서도 물었으나 한 번도 경험이 없었다. 자기 자신이 경험했던 식음료계를 극구 부정하며 다시는 하고 싶지 않다는 의지가 강해서 그에게 무엇을 하고 싶은지 물었더니 전혀 모르겠다고 한다.

많은 학생이 취업을 앞두고 위와 같은 고민을 해보았을 것이다. 앞서 언급하길 요즘 대학생들은 당장의 빠른 취업보다 '내가 좋아하고(흥미) 잘하는 일(적성)'을 찾고 있다고 했다. 그 학생에게 초기상담과 직업심리검사를 실시했다. 우선 자기 이해를 돕고 현재의 요구사항 파악을 위한 것이었다.

그랬더니 그 학생의 흥미는 매우 뚜렷했다. 모든 운동을 좋아했고, 특히 스포츠 브랜드의 옷들을 사는 게 취미였다. 특히 한 브랜드의 옷만. 그 역사가 고등학교 아니 중학교부터였던 것 같다. 스포츠용 옷부터 그 브랜드의 일반 사복까지 없는 게 없다고 본인이 말했을 정도였다. 직업심리검사 결과는 직업선호도 검사에서 목표 달성, 인정, 성공, 금전적 보상을 희망하는 진취형이 높게 나왔고, 사람들과 잘 어울리는 직업을 선호하는 사회형이 높았다. 성인용 직업적성검사에서는 교사, 언론인, 영업 등이 나왔던 것 같다. 주로 남들을 설득하고, 이끌어가는 직업군이 나왔던 기억이 난다. 성격은 MBTI에서 ESTJ, 직업 가치관 검사는 제일 높게 나온 점수가 성취, 금전적 보상이었다. 현실적인 취업을 위해 검사 결과를 하나씩 보며 의사결정을 해나갔다. 처음 흥미대로 그는 누구 밑에서 일하는 것보다 주도적으로 나서며 남들을 이끄는 직업에 흥미가 많았다. 그리고 자신이 한만큼 보상받고, 혼자 일하는 환경보다 사람들과의 상호작용을 통해 보람을 얻는 것을 선호했다. 그래서 신입이지만 누구 밑에서 일하는 것보다 자신의 의지와 목표대로 움직여 성과를 이뤄내는 관리자가 되고 싶어 했고, 카페 매니저의 경험을 통해 증명했던 관리 능력도 자신이 있었다.

그리고 흥미에 이어 적성도 남들을 설득하고 이끄는 직업이 자신에게 맞다는 것을 확인했다. 성격도 '엄격한 관리자'로 인정받는 ESTJ의 성향이었고, 본인도 자신이 그러한 성향임을 인정했다. 그리고 마지막으로 직업 가치관도 성취나 인정, 금전적 보상을 희망했기에 더 이상 살펴볼 것도 없었다. 이

학생의 자기분석 결과를 보고 상담한 결과 우리는 '스포츠 의류 계열의 회사에서 영업관리자'를 찾아보기로 했다. 처음에는 흥미가 확고한 그 스포츠 브랜드로 가고 싶어 했으나 우리나라 회사가 아니었고, 그곳에 지원하기 위해 지원 자격을 탐색해 보니 스펙이 어마어마하게 준비되어 있어야 했다. 본인이 직접 찾아보니 그제야 취업에 대해서 아무것도 준비가 되어 있지 않았다는 것을 깨달았다고 한다. '현타'가 온 것이다. 그래서 플랜B로 장차 자신이 원하는 해외 스포츠 의류 브랜드로 가기 위해 경험을 쌓기로 했다. 우선 국내 스포츠 의류 브랜드(회사)에서 영업관리자가 되기 위한 계획을 세웠다. 국내 스포츠 의류 브랜드의 매니저로 경험을 쌓기 위해 도전하기로 한 것이다.

흥미, 적성, 성격, 가치관을 통해 자신을 알아보고(자기분석), 직무를 영업관리로 정한 후 업종은 까다로울 수도 있었으나 평소 스포츠 의류에 대한 관심과 식견을 갖고 있어 어렵지 않게 의류업으로 방향을 정할 수 있었다.

이때 자기분석—직무—업종의 단계에서 '업종'(산업)은 어렵게 느껴질 수도 있는데 평소 자신들이 즐겨보는 뉴스나 신문, 블로그, 취미 등에서 관심 있게 꾸준히 해보거나 지켜본 분야로 정하면 방향이 명확해질 수 있다. 전혀 모르는 분야(업종)로 직무를 정하면 고생할 수도 있기 때문이다. 예를 들어 직무를 마케팅으로 정했으나 전자제품의 마케팅과 식품업계의 마케팅은 업무의 내용이 전부 다를 것이고, 그 분야의 전문 용어를 쓸 것이기 때문에 평소 자신에게 어색하지 않고 관심이 있었던 분야(업종)로 정해야 지속적으로 관심을 두고 재미있게 일할 것이다. 그래야 적응에 유리하다.

앞서 이 학생의 경우 확고하게 해외 스포츠 브랜드를 희망했으나 지원 자격과 경험을 채우기 위해서 시간이 필요하다는 판단이 들었다. 그래서 현실적인 국내 스포츠 의류업계를 탐색하여 경쟁사인 의류업체(회사)의 본점 계열 매니저로 취업하기로 했다. 결과적으로 그는 자신의 선택을 크게 만족해했다.

> "당신의 직업은 인생의 큰 부분을 차지한다. 진정으로 만족하는 유일한 방법은 위대한 일을 하는 것이고, 위대한 일을 하는 유일한 방법은 당신이 하는 일을 사랑하는 것이다."
>
> — 스티브 잡스

컨설턴트: 자신이 좋아하고 잘하는 일을 찾으려 노력한 사람은 자신이 만족하는 인생을 살 수 있습니다. 하는 일을 사랑하거나 좋아하다 보면 재미있고 즐거우니 오래 일할 수 있게 되고, 반복하다 보면 일을 잘하게 되어 사회적 인정과 금전적인 보상도 얻게 될 기회가 있기 때문입니다.

3.

취업은 정성을 쏟는 만큼
이루어진다

앞서 언급했듯이 대학교 4학년이 되었을 때의 취업 준비를 시작하는 것은 너무 늦다. 대학 3학년이 돼서 무언가 하려고 주변을 두리번거려보니 법학과가 아닌 다른 학과 선배 중에 국내에서 내로라하는 대기업 여러 군데에 취업한 선배가 있었다. 그것도 졸업하기도 전인 4학년 2학기 초에 말이다.

'도대체 어떤 노력을 했기에 졸업하자마자 대기업에 취업을 하지?'

라는 생각이 있었는데 아는 친구로부터 그 선배의 취업 성공 스토리를 들을 수 있었다. 같은 학과였던 친구는 그 선배가 지나갈 때면 '인간 승리의 아이콘'이라고 불렀다. 저 사람이 한 노력만큼 하면 누구나 성공할 거라고 말이다. 그는 대학을 입학하자마자 부모님의 도움은 모두 거절하고 자신이 아르바이트하며 4년 내내 등록금을 댔다. 그리고 자신이 하고 싶은 일에 관한 다양한 경험을 했다고 한다. 물론 처음에는 하고 싶은 게 많을 테니 혼란스럽고 힘들었지만 이것저것 닥치며 하다 보니 점점 어느 일자리가 좋은 일자리인지 어떤 일을 선호하는지 어떤 인생을 살고 싶은지 깨닫게 되었고, 자신의 희망대로 자기가 목표로 하는 대기업에 입사했다. 특히 그 선배는 여행 속에서 자기와의 대화가 가장 의미 있었다고 친구에게 추천했다. 여행하면서 어떻게 살고 싶은지, 무엇이 가장 중요한지 등을 깨달았다고 한다.

그 선배는 자신이 노력한 만큼 사회적으로 인정받고 싶었고, 금전적인 보상 체계와 체계적인 근무 환경이 조성되어 있는 곳을 희망했다. 성공과 보상을 위해 창업을 하기에는 아직 때가 아니고, 자신과도 맞지 않을 것 같아서 우선 일을 체계적으로 배우고, 그곳에서 경험과 기술을 익혀 40대 이후에 회사에서 해온 사업 아이템을 활용하여 창업하는 것을 목표로 하고 싶었다. 그는 하고 싶은 일을 찾아서 그것을 현실로 이루기 위해 피땀 흘려 노력했다. 하고 싶은 게 정해지니 취업에 필요한 지원 자격들(자격증, 직무 경험, 외국어 등)을 밤을 새워서라도 하나씩 정복해 나갔다. 취업한 선배를 만나 자신이 하고 싶어 하는 일이 정말 그런 일들이 맞는지 재차 확인하고, 그 기업에서 요구하는 인재상이 자기 자신이라는 생각으로 그 회사의 인재상처럼 일상생활에서 그렇게 행동하기까지 했다고 한다. 이처럼 대학 재학 시절부터 남들보다 좀 더 부지런히 하고 싶은 일을 찾아 움직이면 '앞으로 뭐하면서 살지'라는 질문으로 내내 힘들게 할 진로 고민은 빨리 해결할 수 있을 것이다.

여기 또 하나의 사례를 들어보려 한다.

영상미디어학과 4학년인 남학생이 어느 날 상담을 신청했다. 훤칠하게 키가 크고 듬직하게 생긴 청년이었다.

'진로나 취업 고민인가? 학교생활이 힘들어서 조언을 구하러 왔나?'

혼자서 생각하고 있을 때쯤 그가 꺼내 놓은 상담 주제가 충격적이었다.

"선생님, 저는 지금 영상 제작 스튜디오를 창업했습니다. 그런데 내가 믿을 수 있는 사람들을 뽑는 것과 안정적인 사람들 관리가 너무 힘듭니다."

순간 의심스러워 개인신상을 보니 정말 대학 4학년의 나이였다.

"아니, 4학년밖에 안 됐는데 벌써 영상 제작 스튜디오 창업을 하다니 대단하신데요? 동업인가요?"

"저 혼자 합니다. 도움은 받지 않고, 창업한 지는 꽤 돼서 이제 자리를 잡는 중입니다. 벌써 지역 내에서 일거리가 많이 들어오고, 미용실, 펫샵 등 다양한 기업의 홍보 영상을 계속 제작하며 회사를 키우고 있습니다. 그래서 직원이 부족해요."

어린 나이에 벌써 그렇게 자리를 잡는 것이 대견해 그에게 어떻게 그렇게 빨리 자리를 잡을 수 있었는지 물었다. 그에게 들은 영상 제작자로서의 성장 과정은 이렇다. 중학교 때부터, 아니, 더 어렸을 때부터 그는 TV를 너무나 사랑하는 소년이었다. 방송이 좋았고, 음악, 미술, 무용, 과학, 드라마, 영화, 광고 등 장르를 불문하고 끝없이 이어지는 영상들에 완전히 마음을 빼앗겼다. 그러다가 '보던 영상'에서 '내가 직접 만드는 영상'을 하고 싶다는 생각에 그 세계로 뛰어들 결심을 했다. 전국의 드라마나 영상을 만드는 세트 제작 현장에서 엑스트라나 보조 출연자, 스태프로 일하기 시작한 것이다. 그것이 고등학교 때쯤이라고 말했던 것이 기억난다. 그 어린 나이에 험한 제작 환경에서 살아남기 위해 청소, 빨래, 식사 준비, 보조출연 연기, 스태프 등 무슨 일이든 했으며 어른들이 자신만의 제작 언어로 말하는 것을 배우고 제작 환경을 계속 관찰해 왔다. 그리고 미술, 특수효과, 제작 감독님들을 졸졸 쫓아다니며 '형, 형'하며 영상을 어떻게 만드는지 알려달라고 지독하게 따라다녔다고 한다. 처음에는 귀찮아했다는데, 한두 번도 아니고 1년 내내, 아니, 몇 년 동안 시간이 될 때마다 계속 현장을 따라다니는 모습을 보고 결국 감독님들이나 스태프들이 '이 녀석이 이 일에 진심이구나'라는 생각을 하게 되었다고 한다. 그리고 감독님들도 그 열정에 감동했는지 시간이 지날수록 제작 환경과 제작 기술에 대해 알려주기 시작했다. 현장을 지킨 지 몇 년이 되자 스태프나 감독들이 이뻐하며 카메라 촬영이나 특수효과 기법 등 고급 영상 기술까지 직접 해보게도 해주고, 어깨 너머로 가르쳐 주며 서로 간 돈독

한 인간관계를 형성해 나갔다. 그리고 학창 시절부터 시작한 이러한 영상에 대한 열정으로 입시 때 학과로 영상미디어학부를 선택해 당당히 입학했다. 이렇게 현장에서 잔뼈가 굵은 그에게 대학 교육은 그렇게 중요하지 않았을 터. 이미 영상에 관한 전문 지식이나 제작 기술을 충분히 배웠기 때문이다. 대학 고학년이 됐을 때쯤 벌써 그는 자기만의 영상 스튜디오를 해보고 싶은 열망이 가득 찼다. 결국 학교에 다니며 경기도의 어느 스튜디오에서 창업을 했다. 또, 나와 상담하던 자리에서 스튜디오 명함을 주며 실제 활동하고 있음을 알리고, 직접 촬영한 영상을 예시로 보여주며 나를 놀라게 했다. 그는 어린 나이부터 자신이 하고 싶은 일을 정하고, 힘들어도 열정을 갖고 포기하지 않으며 끝까지 놓지 않고 성장해 온 것이다. 이제 그는 자신의 스튜디오를 함께 열정적으로 오래 할 수 있는 동료를 찾아 더 안정적으로 이끌어 가고 싶어 했다.

그렇다면 질문에 대한 나의 답변은 어땠을까? 지금 함께하는 동기들은 어떠냐고 반문했다. 아직 어린 스튜디오 제작자인 그가 우선은 마음이 맞고 성장 가능성이 있는 친구들을 우군으로 두면 일하면서 좀 더 든든하지 않을까 싶었다. 그런 마음에서 실력 있고, 열정 있는 학과 친구들을 고려해 보라고 말했다. 제작 실력이나 기술은 노력하면 될 테니, 마음과 태도가 맞는 사람이 옆에 있다는 것이 회사 운영에 큰 힘이 될 것 같았다.

물론 그는 정중히 고려해 보겠다고 했지만 "아, 내 곁에 우리 학과 졸업 선배나 친구들이 있었구나"라고 말하며 깜짝 놀라는 눈치였다. 조언을 받아들여 실력이 있는 학과 친구들을 적극적으로 채용할 의사가 있음을 확인하며 상담을 마쳤다. 젊은 나이지만 오래전부터 자신이 하고 싶은 것을 찾아 꾸준히 노력한 그에게 그 나이 또래의 진로나 취업 고민은 딴 세상 얘기인 것처럼 보였다. 그리고 자신이 하고 싶은 것을 찾아 최선을 다하고 있는 모습을 보며 그가 앞으로도 잘 되기를 빌었다.

"성공은 우연이 아니다. 그것은 노력, 인내, 배움, 희생, 그리고 무엇보다 자신이 하는 일에 대한 사랑이다."

— 펠레

컨설턴트: 실패와 경험 없이 이루어지는 성공은 없습니다. 내가 언제 성공하느냐는 각 개인의 시간문제일 뿐입니다. 꾸준히 준비하고 노력하면서 운과 기회가 오게 되면 그 순간을 잡는 사람이 되시길 바랍니다.

4.

학교 수업만으로 취업이 되나요? 인턴의 필요성

영상미디어학과의 4학년 여학생 2명이 상담을 신청했다. 이제 졸업해야 하는데 취업에 대해 아무런 준비도 하지 못한 자신들을 한탄하며 도대체 어떻게 해야 하는지 답답함을 토로했다. 이야기를 들어보니 학교에서 영상미디어와 관련한 다양한 수업을 들었으나 학교에서 배운 것만으로 취업하기에는 기술이나 능력이 부족하다고 느끼고 있었다. 지금 이러한 상황이라면 자신들이 아무 곳에도 지원할 수 없을 것 같다는 위기감이 느껴진다는 것이다.

학과 특성상 영상과 관련한 기술을 배웠을 것 같은데 학교에서 무엇을 배웠는지 물었다. 학생들은 영상 기술에 관한 실습과 기기를 다루는 법, 영상 편집 방법, 시나리오 기획 등등 다양한 수업 내용을 설명했다. 현실적으로 전공을 살려 취업을 희망하는지 물었더니 두 명 모두 긍정적인 반응을 보였다. 그래서 그들이 가진 장점을 살려 영상미디어 관련 회사의 인턴을 해보는 것이 어떠냐고 조심스럽게 추천했다. 영상 분야는 MBC, KBS, SBS 등 방송국이 가장 유명하고, 정규직 일자리도 있으나 엄청난 경쟁률을 자랑한다. 그 외에 방송과 관련한 직업에 종사하는 서울 등 각 지역에 엄청난 외주 제작사들이 존재한다. 영상미디어 분야에는 워낙 많은 중소기업 수준의 외주제작사가 존재하다 보니, 외주에서 쌓은 영상 제작 능력을 인정받으면 서울 방송국까지 진출하는 과거 사례가 많았다.

그래서 학생들에게 그곳을 추천했다. 우선 직무 경험을 토대로 실력 및 기술을 쌓기 위한 시간이 필요해 보였기 때문이다. 그들은 과연 자신들만의 실력으로 제작 현장에서 일할 수 있을까 하는 의구심을 드러냈으나, 나는 그들이 공부한 과정이 실제 제작 환경에서 쓰이고 있으므로 한번 현장에서 확인해 보길 원했다. 두 학생은 가만히 있다가 백수가 되는 것보다는 작은 외주 제작사에서 한번 경험해 보는 것이 낫겠다는 얘길 하며 한번 도전해 보겠다며 인사하고 돌아갔다.

그리고 일 년쯤 지났을까. 취업상담을 하느라 하루 종일 정신없던 어느 오후 한 여학생으로부터 연락이 왔다. 예전에 영상미디어학부로 상담했던 학생 중 한 명인데 감사 인사를 하려고 전화했다는 것이다. 기억을 떠올려보니 과거에 인턴 자리를 추천했던 그 학생이었다. 상담을 하고 바로 영상미디어 인터넷 취업사이트 '미디어잡'과 학과 교수님을 통해서 인턴을 알아보았고, 두 명 모두 외주제작사의 신입 인턴으로 용감하게 지원하여 합격했다고 한다. 둘은 가진 건 없었지만 용기와 패기로 한번 열심히 해보자는 자세로 최선을 다했다. 그리고 내 상담 내용을 떠올렸는지 그 여학생이 얘기했다. 선생님 말씀처럼 우리가 학교에서 배운 것이 자격증을 받거나 공신력을 갖고 확인을 할 수 없는 기술이었지만 막상 인턴을 해보니 실제로 학교에서 공부한 것들이 현장에서 쓰이고 있었다는 것이다. 그리고 그것을 바탕으로 기술력을 높이기 위해 인턴을 하면서 학원에서 애프터이펙트나 프리미어프로 같은 프로그램을 숙달하는 교육을 받으며 더 성장했다고 한다. 나의 충고대로 인턴을 한 결과 실제 제작 환경에서 경험을 쌓으며 직무역량을 쌓을 수 있었고, 제작 현장에서의 애로사항과 필요한 역량을 확인하여 계속 이 일을 해야겠다는 확신이 들었단다. 그리고 결국 두 명 모두 열심히 한 결과 얼마 전 정규직 전환이 되었다고 기쁜 소식을 전해주었다.

우리는 학교에서 배운 지식만을 바탕으로 졸업하여 취업했을 때보다 직무 경험인 '인턴'을 경험했을 때 자신에게 맞는 직무 적합성과 조직적합성을 확인할 수 있음을 기억해야 한다. 인턴을 하다 보면 하고자 하는 일(직무)이 자신에게 맞는 일인지 확인할 수 있고, 근무 환경의 실제 상황을 경험하면서 과연 그러한 환경에서 일할 수 있을지 판단력이 서게 된다. 특히 함께 근무하는 사수나 선배 등을 통해 '아, 이 일에서는 어떤 역량이 가장 중요하고, 이 일을 잘하기 위해서는 어떤 노력을 해야 하는구나. 근무 환경이 안정적이지 않지만 어떤 보람이 있고… 이 회사는 좋다, 나쁘다' 등등 현장을 보고 체험하며 현실을 깨닫게 되는 것이다. 즉, 자신이 가진 역량을 바탕으로 그 일(직무)을 하는 데 적합한 사람인지 아닌지 판단하게 되며 계속하고 싶다면 더 잘하기 위해 모든 노력을 기울이게 된다. 또, 회사나 조직에 근무하며 그 회사의 장단점과 사람들이 서로를 대하는 방식, 상사나 관리자의 직원을 대하는 태도, 회사가 사람을 키우고자 하는 그 회사만의 인재상, 사람들을 관리하는 방식을 보면서 여러 생각이 들 것이다. 예를 들어,

'이런 회사라면 이곳에서 계속 일하고 싶다. 이 회사는 다녀보니 직원들이 성장하게끔 지원해 주는 곳이구나. 나도 한 명의 직원으로 계속 성장하며 오랫동안 함께 하고 싶다.'

또는

'이 회사는 정말 아닌 것 같아. 상사도 별로고. 근무 환경도 체계가 없고, 막무가내식이라 별로네.'

라고 느끼게 될 것이다.

자신에게 맞는 일(직무 적합성)과 선호하는 환경(조직적합성)이 일치하는 경우 일과 회사에 대한 만족도가 높다. 인턴을 해보지 않고, 당장 합격을 해서 취업했으나 일을 해보니 잘 맞지 않는 경우 일과 조직에 적응하지 못하고 신입 1~2년 차에 퇴사를 고민하는 직원들이 많다. 인턴을 하게 되면 일과

회사에 대한 자신만의 기준을 가지게 되면서 자신에게 맞는 일과 회사를 선택하게 되고, 그 일에 만족함으로써 능력을 쌓으며 오래 일할 확률이 높아지는 것이다.

또한, 코로나 시대를 넘어 다시 일상으로 돌아간 지금 채용시장에서의 변화를 눈여겨 볼 필요가 있다. 과거 대기업들의 대규모 공채 중심의 시대에서 지금은 경력직 사원을 우대하는 '수시 채용'의 시대로 전환된 상황을 많은 취업준비생이 느끼고 있을 것이다. 많은 수의 신입사원을 뽑아 교육을 통해 성과를 내기까지 기다렸던 시대에서 이제는 직무역량을 가진 사람, 바로 업무에 투입될 수 있는 소수의 직무경험자를 선호하게 되었다. 변화된 시대상에 맞게 취업을 준비하려면 이제는 인턴 등 직무 경험이 매우 중요해졌다. 특히 2024년 최근 기사에 의하면 채용형 인턴이나 체험형 인턴을 통해 신입사원을 시험해 보고 채용하려는 경향이 두드러지고 있다고 한다. 실제 일해보고 사람이 괜찮으면 계속 고용하겠다는 것이 기업의 입장이다. 자신에게 맞는 일과 회사를 잘 선택하여 그 속에서 최선을 다한다면 입사의 길이 열릴 수 있다. 그래서 처음부터 준비가 되어 있지도 않은데 대기업에 '묻지마 지원'을 하는 수많은 지원자보다 졸업 전후 중소, 중견기업에서 경험을 쌓고 기회를 노려 좋은 기업으로 이직하는 사례가 많다는 사실은 공공연한 현상이 되고 있다. 채용시장에서의 경력자 중심 채용 현상은 당분간 계속될 것으로 전망된다. 정치, 경제, 사회, 문화, 글로벌 환경 등 대내외 환경의 불확실성으로 기업들이 빠른 실적을 내는 것을 원하며, 소수의 직무역량과 직무 경험을 갖춘 검증된 사원을 뽑기를 선호하기 때문이다. 직무 경험이 없는 직원을 많이 뽑아 시간적, 금전적 부담을 갖는 것을 피하려는 것이다.

> "당신이 진짜 실력을 갖췄는지는 행동으로 증명된다."
>
> ― 조지 버나드 쇼

컨설턴트: 기업에서 지원자의 경험을 보는 이유는 과거 어려운 상황 속에서 성과를 내는 어떤 행동을 했었기 때문에, 우리 회사에 근무하게 된다면 유사한 어려운 상황에서도 유의미한 성과를 내는 행동을 할 거라는 예측을 할 수 있기 때문입니다.

5.

이것이 나의 무기다
'인성과 태도'

청년들이 취업을 준비할 때 가장 중요시하는 것은 무엇일까? 앞서 직무 경험의 필요성을 언급하며 인턴을 하라는 것을 기억할 것이다. 각종 취업뉴스에서도 직무 관련성 있는 경험, 자격증, 외국어 능력, 직무 관련 교육 및 훈련 등을 언급하고 있다.

하지만 막상 취업시장에 도전하면 직무 경험이나 자격, 교육 이력 등이 더 뛰어난 사람이 있거나 자신과 유사한 직무 관련 경험이 있는 다수의 사람을 발견하게 된다. 겨우 직무 경험을 쌓고, 경력을 만들어놨는데 이미 경쟁자들은 그보다 더한 것을 준비해 온 것이다. 하지만 그들과 함께 당당히 경쟁하다 보면 누군가 다른 사람보다 스펙이나 경험이 적거나 유사한데도 그들을 제치고 당당하게 입사하는 경우가 있다. 바로 눈에 보이지 않는 인성과 태도로 자신이 지원한 회사를 설득한 경우이다. 인성과 태도는 우리 눈에 보이지 않지만 막강한 힘을 자랑한다.

우선 이력서상에 이러한 인성과 태도를 볼 수 없지만 자기소개서의 항목에서 그것을 발견할 수 있다. 또, 1차 면접(실무진 면접)과 2차 면접(임원 면접), 인성 검사를 통해서도 기업에서 요구하는 인성과 태도를 확인할 수 있다. 기업에서 요구하는 인성과 태도의 모습은 한마디로 '인재상'이라고 볼 수 있다. 인재상은 그 기업을 과거에서 현재까지 성장시켜 온 사람들의 총체적 모습이라고 이해하면 되겠다. 앞으로 회사가 추구하는 인재의 모습이자 그런 인재가 성과를 내기 때문에 같은 조직문화와 동질성을 가지고 함께 모여있는 회사를 만들고자 함이다. 이러한 인재상은 흔히 도전적인 인재, 열정적이고 창의적인 인재, 책임감 있는 인재 등등인데, 기업마다 다양한 인재상을 추구한다. 그러한 인재를 뽑기 위해 눈에 보이지 않는 인성과 태도 등을 확인한다. 만일 기업의 인재상과 동일하거나 유사한 인성과 태도를 가졌다면 자기소개서와 면접 등을 통해 확인하고 평가하여 그 회사의 내부 문화와 분위기를 가진 사람으로 함께 일하는 사람으로 인정받게 된다. 그래서 아무리 스펙이 좋고, 직무 경험이 뛰어나더라도 회사의 문화와 조직 분위기에 어울리지 못한다면 회사 적응에 어려움을 겪을 수 있다. 회사 지원 전에 회사 홈페이지를 통해 회사가 추구하는 인재상, 핵심 가치, 핵심 목표 등을 확인하여 자신이 회사에서 추구하는 사람으로 인정받을 수 있는지 한번 확인하고 준비하는 시간이 필요하다. 정말 '좋은 인재'라는 것은 눈으로 보이는 지식, 기술 또는 능력을 갖춘 사람만큼 눈에 보이지 않는 '좋은 태도(인성)'를 가졌으며, 그런 사람들을 기업이 더 선호한다는 것을 잊지 말자. 결국 최종 임원 면접에서 뽑히는 사람은 실력 면에서 거의 비슷하기 때문에 기업과 조직에 잘 어울리는 사람, 인재상에 가장 가까운 사람을 선택하게 된다.

　국내에서 가장 내로라하는 대기업 두 곳에 지원하고자 찾아온 청년이 있었다. 대기업 두 곳에서 1차 서류 통과, 2차 필기시험, 인턴 경험을 모두 통과했으며 이제 최종 면접만이 남아있는 상태였다. 그런데 외국에서 살다 와 국내 면접이 처음이라 너무 걱정되어 취업상담을 신청한 것이다. 외국에서의 스펙이나 외국어 실력, 그리고 해외 인턴 경험까지 완벽했지만, 국내 면접을 앞두고는 초조해하며 나와 면접 트레이닝을 준비했다. 해외에서 살다 와서 그런지 자신감 있는 태도와 표정으로 말도 잘하고, 산업에 대한 분석 및 직무에 대한 준비도 완벽했다. 이런 그가 최종 면접인 임원 면접을 앞두고 나에게 말하기를 자신이 과연 그 회사들에 갈 수 있을지 불안하다는 것이었다.

그래서 그를 돌려보내기 전 내가 알고 있는 대로 임원 면접은 회사나 조직에 어울리는 사람을 뽑는 거라고 말해주었고, 능력 있는 모습만큼 '나는 인간적으로 괜찮은 사람이다'라는 식으로 진솔하고 당당한 태도를 보여주면 된다고 안심시켰다. 그리고 얼마 후 지원 결과가 나왔는데 합격이었다. 한 곳은 아쉽게도 떨어졌지만, 합격한 다른 대기업의 면접 질문이 궁금해 그에게 넌지시 물어보았다. 그가 설명하길 경쟁자와 계속 같은 질문에 비슷한 답변만 했는데, 마지막 질문에 대한 답변을 듣고 면접관들이 크게 만족하는 모습을 보였단다. 질문은 이랬다.

"친구들이 김지호(가칭) 씨를 무엇이라고 부르나요?"

"네, 친구들은 제가 인성이 좋다고 보통 '김인성'이라고 부릅니다."

이 대답에 인성이 좋은 사람을 뽑으려는 최종 임원 면접에서 합격한 것은 당연한 것 아닌가.

"훌륭한 태도는 어떤 기술보다 더 멀리 당신을 데려다 줄 것이다."

— 잭 웰치

컨설턴트: 실력도 중요하지만 결국 기업의 최종 면접(임원 면접)에서 뽑히는 사람은 좋은 인성과 겸손한 태도를 가진 '함께 일하고 싶어지게 만드는 사람'입니다.

6.

경험 정리가
뭐예요?

취업을 준비하며 이력서, 자기소개서를 쓰기 시작할 때 가장 힘들어하는 부분은 무엇일까? 아마도 지원하고자 하는 일(직무)과 관련된 경험이나 경력을 작성해야 하는데 자신에게 그런 경험이 없다는 것을 깨달을 때이다. 무엇을 써야 할지도 모르겠고, 거창한 공모전 입상 경력이나 인턴 경력, 해외연수 경험 등이 없기 때문에 '지난 세월 중 아무것도 한 것이 없구나'라고 생각할 수가 있다. 하지만 우리에게는 어린 시절부터 보석 같은 경험이 많으며, 다만 그동안 살아온 경험들이 정리되지 않았을 뿐이다.

물론 취업에 필요한 경험을 자기소개서에 쓸 때는 최근 경험을 중요시하기 때문에 아주 어린 시절의 경험은 피하는 것이 좋다. 너무 어릴 적의 일반적인 경험은 대부분 시기나 장소, 행동 등이 정확하지 않기 때문이다. 또한, 어느 정도 가치관이 형성되는 중·고등학교 시절은 상을 받은 경험이나 남들에게 인정받은 공신력을 가진 경험 위주로 자신을 표현해야 한다.

　우리가 경험 정리를 하는 이유는 입사서류 작성 시 필요한 직무에 관한 경험을 쓸 때 실제로 도전적인 경험이 있다고 증명할 수 있기 때문이다. 말로만 도전적인 사람이라고 주장하는 것보다는, 실제 번지점프와 1인 가게 창업 경험 등과 같은 과거 경험을 제시할 때 더 효과적이기 마련이다. 경험의 경중은 없으며 우리가 지원하는 기업 역시도 대단한 경험보다는 자신이 하고자 하는 직무에 맞는 경험과 직무역량을 요구한다. 특히 대학생을 예로 들자면 학교에서 경험했던 동아리, 학과 행사, 팀프로젝트, MT, 체육대회, 학술대회, 논문대회, 공모전, 아르바이트, 실험실 연구 실습, 창업동아리, 취업캠프, 창업캠프, 현장실습, 캡스톤 대회 등등 너무나 많은 기회가 있다 보니, 학교 조별 발표쯤은 별일이 아니라고 생각할 수 있는데, 이러한 경험도 직무와 관련이 있다면 자신이 직무에서 요구하는 사람임을 증명하는 근거가 될 수 있다. 모든 회사가 대학생들의 대기업 인턴이나 대단한 직무 경험을 요구하는 것은 아니기 때문이다.

경험 정리는 연대기 순으로 정리하여 유년 시절·청소년기·대학 순으로 추천하며 최근 경험을 강조하는 것이 유리하다. 특히 성공 경험담과 실패 경험담을 구분하여 8:2의 비율로 경험담의 주제를 써보자. 자신이 살아온 순간순간을 떠올리며 성공해서 좋았던 기억들이 있을 것이다. 예를 들어 대학교 1학년 때에는 공부에 소홀하여 학점이 2점대였다가 4학년에 정신을 차리고 열심히 한 결과 학점이 4점대로 향상한 경험, 아르바이트에서 손님들을 친절하게 응대해 장사가 잘되자 사장님이 월급을 올려주거나 직위를 매니저로 올려준 경험, 어려운 사람을 우연히 도와줬는데 나중에 크게 칭찬받은 경험 등등 사소한 성공 경험부터 대외적으로 인정받은 경험까지 정리를 추천한다.

특히 지원하고자 하는 직무가 '마케팅이나 구매'라고 한다면 편의점 아르바이트 경험이 좋은 경험 정리의 소재가 된다. 편의점 아르바이트가 마케팅이나 구매와 무슨 관련이 있냐고 반문할 수 있지만 경험을 정리하면 관련이 있다는 것을 알게 될 것이다. 편의점 아르바이트를 하게 되면 가장 잘 팔리는 상품의 특징과 잘 팔리지 않는 상품의 특징을 알게 되며, 어떻게 디스플레이할 때 상품이 가장 잘 팔리는지 알게 된다. 또, 시간대별로 또는 연령대별로 많이 팔리게 하려면 어떻게 홍보해야 하는지 터득하는 소중한 경험을 하게 되는데, 이는 물건의 판매 전략을 수립하는 마케팅과 관련이 있다. 또, 좋은 제품을 제 가격에 적절한 순간에 사게 하는 구매 전략과도 관련이 있는 것이다. 작은 아르바이트 경험이더라도 그것을 자신이 지원하고자 하는 직무의 특징과 연결하여 의미 있는 경험으로 설득하면 된다. 실패 경험의 경우도 정리할 필요가 있는데, 성공하는 모든 사람은 실패한 경험이 있는 사람들이기 때문이다. 실패 없이 성공한 자는 없기에 실패한 경험을 정리하되 그러한 실패 경험을 통해 무엇을 배웠는지, 어떻게 개선했는지가 중요하다. 자기소개서의 주제로 실패한 경험과 그것을 어떻게 극복했는지의 문항이 공공연히 출제되고 있으므로 자기소개서를 작성하기 전 실패 경험도 정리하기 바란다. 경험 정리의 방법은 대부분의 사람이 알고 있는 대로

- 당시 상황
- 업무 내용
- 취한 행동
- 결과(수치화가 포함되는 것을 추천)
- 깨달은 부분과 이러한 경험이 자신이 하게 될 직무에 의미 있게 기여할 점

순으로 정리해 놓는 것이 좋다.

> "지금까지 해온 모든 경험들이 너를 이 자리까지 데려다준 거야. 중요한 건 그걸 어떻게 이야기하느냐 하는 거야."
>
> — 영화 『행복을 찾아서』(2006)

컨설턴트: 거창한 경험이 아니어도 좋습니다. 성공한 경험이든 실패한 경험이든 그 속에서 의미를 찾고 앞으로 하게 될 직무와 관련해 기여할 점을 어필하면 면접관을 설득시키는 힘을 발휘합니다.

7.

자기소개서가
두렵지 않은 이유

    사람들이 회사에 입사 지원할 때 가장 힘들어하는 것이 자기소개서 작성이다. 특히 인문·사회계열의 청년들보다 글쓰기에 익숙하지 않은 보건·의료·이공 계열의 학생들이 불리하다는 생각이 있는 것 같다. 하지만 자기소개서의 숨은 의도를 알게 되면 그런 고민이 사라지게 될 것이다.

    자기소개서는 학점, 학교, 전공, 어학성적 등을 수치화하는 정량평가 위주의 이력서보다 인성이나 태도를 평가하는 정성평가적인 요소가 있는 문서다. 여러분이 취업을 준비하고 있다면 수없이 많은 합격·불합격 자소서의 예를 책과 방송, 유튜브 등을 통해 보면서 '내가 이걸 어떻게 쓰지'라는 스트레스를 받았을 것이다. 많은 사람이 어려워하는 자기소개서를 쉽게 쓰려면 우선 자기소개서의 '질문 의도'가 무엇인지 눈치채야 한다. 자기소개서의 질문의 답은 '나'와 '직무' 그리고 '회사'에 대한 접점을 찾는 것이다. 구체적인 예로 2024년 ㈜피죤의 신입·경력사원 수시 채용 자기소개서 질문을 살펴보자. (2024.8.31. 잡코리아 발췌)

예1. "본인의 성장 과정을 기술해 주시기 바랍니다."

이 질문의 의도는 우리가 흔히 생각하는 것과 달라서 자신이 태어나고 자란 일대기를 쓰는 것이 아니다. 기업 입장에서는 지원자의 일대기가 궁금한 것이 아니라 성장 과정 속에서 지원한 직무의 선택 이유와 그 직무를 잘하기 위해 성장해 온 노력의 과정을 알고 싶어 한다. 즉 '나'가 아니라 '직무' 중심으로 성장 과정을 서술하며 직무를 잘하기 위한 역량들을 키워온 과정과 노력을 서술하면 좋다.

예2. "열정과 노력을 가장 많이 쏟아본 경험에 대해 기술해 주시기 바랍니다."

질문의 의도는 개인의 '인성과 태도'를 보기 위함이다. 어떤 일에 최선을 다하는 자세로 임하여 성과를 이뤄낸 경험이 있다면 나중에 입사하게 될 회사에서도 열정과 노력을 쏟아야 하는 상황에서 그렇게 할 가능성이 있기에 경험을 토대로 지원자 자신을 증명하는 것이다. 경험은 거창하지 않아도 되며 학업, 공모전, 아르바이트, 팀프로젝트 등 겪은 경험 중에서 직무와 관련한 의미 있는 경험을 연결 지어 앞으로 일하게 될 회사에서도 이런 경험을 바탕으로 최선을 다하겠다고 설득하면 된다.

예3. "지원한 직무의 필수 역량과 해당 역량에서 본인의 경쟁력을 기술해 주시기 바랍니다."

우선, 지원하고자 하는 직무를 먼저 정의하고 직무에 대한 이해도를 어필한다. 그런 다음 직무에 필요한 직무역량(지식, 기술, 태도)을 정리하여 남들보다 해당 직무를 잘하기 위해 노력해 온 점들을 경쟁력으로 제시한다.

예4. "피존에 지원한 동기와 입사 후 5년 이내의 목표를 기술해 주시기 바랍니다."

질문의 의도는 지원자와 회사, 직무와의 접점을 찾는 것이다. 수많은 기업 중 왜 피존이라는 회사를 선택했는지, 왜 이 직무에 지원하게 되었는지 설득해야 한다. 학생들이 가장 어려워하는 질문으로, 평소 꾸준히 관심을 가지고 지원하기 위해 노력해 온 회사·직무·산업이 아니라면 누구나 답변하기가 쉽지 않다. 하지만 원하는 직무를 미리 정하고 준비해 왔다면 5년 이내 직무에서의 성장 전략을 제시할 수 있을 것이다. 또, 회사와 산업에 대한 정보는 회사 홈페이지, 최근 기사, 블로그, 유튜브 등의 인터넷 매체뿐 아니라 네이버 금융이나 업계 전망 보고서 등을 통해 알 수 있으니, 시간을 들여 관련 산업 정보와 업계에 대해 파악하여 자신의 의견을 달아 보는 노력을 해야 한다.

앞서 자기소개서의 질문 의도를 분석해 보면 지원자 자신과 직무, 회사, 산업에 관한 내용이 반복되는 것을 알 수 있다. 자신의 답변이 개인적인 의견으로 회사가 의도하는 정답이 아닐지라도 자기소개서의 '질문 의도'를 찾는 연습은 중요하고, 직무 중심의 작성법은 기본이라는 것은 기억해 두길 바란다.

여기서 유의해야 할 것은 직무와 회사는 많은 정보가 노출되어 있지만 '산업(업종)'에 관한 정보는 꾸준히 신문이나 업계 보고서, 연구보고서를 보지 않았다면 쉽게 이해하기가 어렵다는 것이다. 그래서 평소 자신의 관심 분야가 있으면 신문 스크랩을 해두거나 유튜브, 블로그 등을 방문하여 정보를 수집하고, 그 업계의 이슈와 전망, 미래 먹거리, 기여할 수 있는 부분 등을 정리하여 자신의 것으로 만드는 연습을 추천한다. 중견기업이나 대기업 수준의 회사에서는 직무역량과 직무 경험을 중요시함과 동시에 업계에 대한 인사이트도 요구하기 때문이다.

"너를 모르는 사람에게, 너 자신을 가장 잘 보여줄 수 있는
기회를 잡아."

— 영화 『인턴』(2015)

컨설턴트: 자기소개서는 이력서로 알 수 없는 지원자의 직무에서의 성장 과정, 일에 임하는 태도 그리고 왜 이 직무와 산업, 회사를 선택했는지에 관해 진정성 있게 알리는 중요한 기회입니다.

8.

면접을 하기 전
마인드셋이 필요하다

여러분은 면접이 무엇이라고 생각하는가? 내가 직업상담사로서 현장에서 느낀 면접이란 '내가 왜 이 회사에 꼭 필요한지 설득하는 과정'이라고 생각한다. 모든 면접 질문에는 구조화된 답이 있으며 면접의 고수가 되는 길은 이 면접 질문의 의도를 알아채고, 어느 대답을 해야 할지 알고 답변할 때 끝난다. 기업 입장에서는 뽑고 싶은 사람이 모든 면에 있어 뛰어난 인재보다는 회사에 실질적인 이득이 되는 사람이므로, 이러한 사람이 되는 것을 추구한다. 한마디로 기업이 가장 희망하는 인재는 기업이 당면한 과제를 해결하고, 미래의 먹거리에 관해 해답을 주는 사람이다. 그래서 면접을 진행할 때

그 일(직무)을 잘할 줄 아는 직무역량(지식, 기술, 태도)을 갖춘 자, 기업이 속해있는 산업에서 지금 기업의 입장을 이해하고, 향후 미래 성장 동력을 찾아 제시할 줄 아는 사람, 냉철한 분석력으로 경쟁사를 이기는 전략과 방법을 찾아 노력하는 사람을 선호한다.

그런데 이러한 능력도 중요하지만 채용시장에서 '최고로 잘 뽑히는 사람'이 되기 위해서는 직무역량만큼 진정성 있는 인성과 태도가 가장 중요하다. 자기소개에서 자신이 가진 역량과 능력만 읊어대는 지원자보다는 진솔하고 당당한 태도로 왜 이 일을 선택했는지, 이 일을 하기 위해 어떻게 성장해 왔는지, 향후 이 일을 하게 된다면 무엇을 할 것인지, 앞으로 어떻게 성장하고 회사에 기여할 것인지에 대한 답변이 준비되어 있어야 한다. 즉 회사 연혁이 어떻고, 지점은 몇 개고, 재무제표는 수치가 어떻고 등 누구나 외워서 하는 기계적인 답변이 아니라, 자신이 하고자 하는 직무를 선택하게 된 이유를 진지한 고민과 이해를 바탕으로 설명하고 그 일을 잘하기 위해 어떤 노력을 해왔는지 진솔하게 말해야 한다. 자신만의 논

리와 생각으로 직무, 산업, 기업에 대한 견해를 밝혀야 하는 것이다. 결국 실제 면접에서 이기는 자는 자신만의 언어로 자신이 생각하는 직무, 기업, 산업에 대한 깊이 있는 답변을 제시하는 사람이다. 자신이 직무역량을 갖추었다는 주장에 대한 근거를 제시하기 위해 직무 경험을 얘기할 때도 단순 경험 나열식이 아닌 그 직무 경험이 지원자와 직무, 회사에 어떤 의미가 있는지 설득해야 한다. 살아오면서 겪어온 각각의 경험을 직무와 관련한 하나의 의미 있는 경험으로 정리해 놓는다면 까다로운 면접관들도 설득할 수 있는 강력한 무기가 된다.

"자신감을 가져. 네가 할 수 있다고 믿으면, 그 믿음이 널 움직이게 할 거야."

— 영화 『킹스맨』 (2014)

컨설턴트: 면접에서 확신에 찬 어조로 자신감 있는 태도를 보일 때 면접관의 마음은 움직일 수 있습니다. 결국 뽑히는 사람은 자신이 왜 이 회사와 이 직무에 필요한지 겸손하고 자신감 있게 설득하는 사람들입니다.

9.

직무분석·업종분석·기업분석의 정석

취업의 시작 '직무분석'

학교를 졸업하고 과연 '나'는 어디로 가야 하는가? '나'도 '나'를 모르는데 취업은 어떻게 하지? 이런 고민이 생길 즈음 눈에 들어오는 것이 스스로 선택해야 할 '직무'이다. 만약 전공을 살려 취업을 희망한다면 선택지가 전공 관련 직업으로 좁혀질 수 있다. 그러나 구체적인 취업 방향과 직무가 결정되지 않았다면 'Part2. 취업 완성을 위한 내 앞길 찾기 노하우'를 확인하길 바란다. 여기서는 직무를 선택했다는 가정하에 직무와 관련한 어떤 준비를 해야 하는지 알아보자.

우선 직무를 결정했다면 다음을 정의해보자. 직무는 '하는 일'에 대한 정리다. 선택한 직무를 파악하기 위해 워크넷, 대기업 홈페이지, 잡이룸, 한국직업사전, JOBPLUSTV 등을 검색하거나 현직자 인터뷰, 직무에 종사하는 현직자의 유튜브 방송, 동일 직무로 취업한 선배 등을 통해 알아본다. 직무에 관한 현직자의 하루일과(오전, 오후로 나누어 정리)를 정리하고, 직무에서 필요한 직무역량(지식, 기술, 태도)이 무엇인지 찾아보자. 직무 관련해서 자신이 갖추고 있는 역량과 앞으로 갖춰야 하는 필요 역량을 파악하여 직무를 잘하기 위한 교육 및 훈련을 탐색하고, 부족한 부분이 있다면 교육을 수강한다. 또, 직무에 대한 성장 전략을 세워 1년 차(신입), 3년 차(대리), 5년 차 이상(과장 이상)에 무엇을 할지 기업에 제시할 수 있으면 좋다. 마지막으로 현직자 인터뷰 등을 종합하여 알고 있는 직무에 대한 내용과 실제 하는 일이 일치하는지 확인한다. 이것을 직무분석이라고 부르는데 기업의 입장에서는 최소한 자신이 하고자 하는 일에 대해 이해하고, 역량을 갖춘 지원자를 선호하기 때문에, 취업 준비 시 직무에 대해 알아보는 큰 노력이 필요하다.

내가 하고자 하는 직무가 결정되었다면 이제는 어느 '업종(산업)'에서 할 것인가가 결정되어야 한다. 많은 학생이 업종분석에 대해 어려움을 느끼는데, 업종에 대한 자료 및 견해는 앞서 얘기했듯이 자신이 관심을 가지는 분야에 대한 신문을 평소에 꾸준히 보는 것이 유리하다. 단번에 자료를 찾아 산업에 대한 이해를 바탕으로 면접에서 자신의 견해를 밝히는 것은 불가능하기 때문이다. 특히 업종에 관한 과거, 현재 현황 및 전망에 관해 기업별 IR 자료를 찾아보거나 네이버 금융, 전자공시시스템, 삼성글로벌리서치 같은 사이트의 현대경제, 경영, 산업, 기술, 정책, 컨설팅 및 연구 내용을 꾸준히 탐독해야 한다. 학생들에게 가장 효과적인 업종 분석 방법으로는, 평소 관심 있는 분야의 신문 기사를 꾸준히 스크랩하고 거기에 자신의 견해를 덧붙이는 연습을 추천한다. 대부분의 기업에서는 짧은 시간 암기하여 정형화된 대답을 하는 사람보다 오랫동안 산업에 관심을 가지고 이해한 사람을 선호한다. 또, 기업을 위해 그 산업 안에서 당면 과제를 해결하는 방안을 도출하고, 미래 먹거리 등에 관해 고민해 본 지원자를 뽑는다.

취업의 끝 '기업분석'

취업은 대기업을 갈지, 중견기업 또는 중소기업에 갈지, 아니면 외국계 기업에 갈지 개인의 준비 여부에 따라 달라진다. 대부분의 취업준비생의 경우 좋은 기업에 가기를 희망하는 만큼 자신도 준비가 되어 있어야 하지만 그렇지 못한 경우가 많고, 상대방인 기업 입장에서는 많은 돈을 투자하는 만큼 회사의 인재상처럼 코드가 맞는 사원을 희망한다. 그래서 기업분석은 자신과 기업이 '맞는 것'을 찾아 확인해 나가는 작업이다.

기업분석을 위해 우선 기업의 홈페이지를 천천히 살펴보자. 회사의 설립 연도, 직원 수, 대표 등 회사의 연혁을 알아본다. 그리고 기업의 주요 사업 및 대표 상품에 관해 찾아보고, 인재상, 경영이념, 핵심과제, 핵심 목표 등을 확인하여 회사가 자신과 '코드'가 맞을지 확인한다. 전자공시시스템이나 IR 자료, 네이버 금융 등을 통해 재무 현황도 확인하여 매출 증가율과 영업이익률로 꾸준히 이익을 내는 회사인지도 알아본다. 특히 기업의 주요 이슈를 파악하여 회사의 과거, 현재, 미래 먹거리까지 정보를 정리하자. 그리고 자료가 있다면 유튜브나 잇다, 코멘토 사이트 등에서 현직자 인터뷰 등을 확보하여 기업에 관한 정확한 내용을 재확인한다. 이렇게 회사에 대해 알아가다 보면 회사나 직무에 대한 지원동기도 생기기 때문에 관심 있는 기업이 있다면 평소 꾸준하게 찾아보고 희망 기업별 정보를 문서로 정리해 나가는 것이 좋다. 마지막으로 경쟁사에 관한 분석을 통해 경쟁사의 주요 사업, 장단점, 배울 점, 향후 전략 등을 정리해 우리 회사의 사업 전략 및 미래 전략을 수립하는 데 도움이 되도록 한다.

"게임의 규칙을 알지 못하면, 이길 수 없어."
— 영화 『머니볼』(2011)

컨설턴트: 취업에서 필요한 승리는 100승이 아니라 '단 1승'이라는 말이 있습니다. 1승을 거두어 취업시장에서 이기기 위해서는 전략적으로 그들이 원하는 답을 내놓을 수 있어야 합니다. 취업에서 가장 많이 언급하는 것이 지원하고자 하는 직무·업종·회사에 관한 내용이므로 어떻게 이들을 자기 것으로 만들어 내놓을지 고민하시기 바랍니다.

10.

좋은 기업을
고르는 방법

많은 취업준비생의 목표는 자신이 원하는 좋은 기업에 가는 것이다. 좋은 기업은 이름만 대도 알만한 대기업도 있지만 사람들에게 잘 알려지지 않은 숨은 보석 같은 기업들도 있다. 좋은 기업을 찾아내려면 어떤 기업이 오래 살아남는지, 기업이 얼마나 이익을 남기고 있는지, 기업이 향후 계속 성장할 것인지, 기업이 유지되는 체계가 있는지에 관한 꼼꼼한 확인이 필요하다. 이를 알아보기 위해서는 다각적인 분석이 필요한데 취업준비생 여러분은 시간이 걸리더라도 지원하고자 하는 기업이 금방 망할 것 같거나 채무에 허덕여 어려운 상황은 아닌지 반드시 사전 확인이 필요하다.

좋은 기업의 조건을 몇 가지 소개하자면 기업의 안정성, 수익성, 성장성, 체계성을 모두 갖추고 있어야 한다.

우선, 안정성은 기업의 연혁이 10년 이상 된 회사를 의미한다. 10년 이상 업계에 살아남아 있다는 사실은 그 기업이 그 시간 동안 망하지 않고 매달 월급을 꼬박꼬박 직원들에게 주고 있다는 것, 험난한 기업환경에서 10년 동안 경쟁력을 가지고 꾸준히 수익을 내는 사업을 하고 있다는 것을 의미한다. 이는 기업의 재무제표를 통해 확인할 수 있는데 부채비율과 유동비율, 이자보상배율, 자기자본비율을 확인하면 된다. 물론 10년이 되지 않은 신생 스타트업 기업이나 막 창업을 한 기업이라고 해도 나쁜 것은 아니다. 개인의 기업 선호도에 따라 취업하면 된다. 취업준비생 중에는 도전 의식으로 똘똘 뭉쳐 일한 만큼 함께 성장하고 보상받을 수 있는 것을 목표로 신생 기업에 취업하는 경우도 많기 때문이다.

둘째, 좋은 기업의 조건은 수익성이 늘어나는 곳이다. 수익성은 기업의 흥망성쇠를 좌우하는 부분이며 기업의 매출액 및 영업이익률 등이 꾸준히 늘어나고 있는지 확인한다. 이를 위해 기업의 재무제표(네이버 금융이나 전자공시시스템 등에서 확인할 수 있다)를 살펴보자. 분기·반기보고서에 영업이익률이 급격히 증가하거나 감소하는 구간이 있으면 반드시 그 시기에 기업의 신문 기사 등 언론매체를 확인해 보자. 그 기업이 갑자기 급격히 성장한 이유나 수익성이 떨어진 원인을 눈여겨 볼 필요도 있기 때문이다. 이를 확인하면 그 기업의 현재 상황을 파악할 수 있으므로 어떤 사업으로 성장했는지 계속 다녀도 되는지 판단의 기준이 될 수도 있고, 수익이 급격히 하락하거나 부채가 늘어나면 어떤 어려움을 겪고 있는지 기사를 통해 알 수도 있어서 위험한 기업으로 분류하여 지원을 유보할 수도 있다. 기업의 수익성 악화로 20대 직원을 정리해고 하는 회사가 있다는 보도를 본 적이 없는가. 그래서 회사에 지원하기 전에 회사의 자금 흐름을 반드시 확인하는 습관을 갖자.

셋째, 좋은 기업을 찾으려면 성장성을 확인하자. 성장성은 한마디로 그 기업의 먹거리가 꾸준하여 앞으로도 그 세계에서 살아남을지 보는 것이다. 즉 그 기업의 '전망'을 확인해야 한다. 성장성을 확인하기 위해서는 다양한 인터넷 매체의 힘을 빌려 확인하는 방법이 있는데, 우선 업계 전망 연구보고서가 있는 사이트들을 통해 알 수 있다. 업계 전망 및 컨설팅, 연구기관의 자료를 꾸준히 읽다 보면 자신이 지원할 기업이 10년, 20년 뒤에도 업계에서 경쟁력이 있을지 알 수 있게 된다. 나무가 아닌 숲 전체인 업계 전반을 보고 이 업계에 계속 남아도 되는지 판단할 수 있다.

마지막으로 좋은 기업의 기준은 체계성이 보장되어 있어야 한다는 것이다. 어렵게 입사하여 일을 하는데 업무에 대해 가르쳐주는 사수도 없고, 체계 없이 이것저것 닥치는 대로 업무를 하다 보면 스트레스가 쌓이게 된다. 시간문제일 뿐 얼마 지나지 않아 퇴사할 확률이 높아진다. 좋은 기업일수록 신입부터 임원급까지 입사–교육–평가–보상–퇴직–회사 문화 형성 등 인사에 관한 체계적인 관리 시스템을 가지고 있으며 수익성이 떨어질지언정 쉽사리 망하지 않는다. 돈을 버는 기존의 시스템이 돌아가기 때문이다. 흔히 대기업을 표현할 때 '대기업 = 시스템(체계)'이라는 표현을 하곤 한다. 국내외의 불확

실성으로 언제든 회사가 망하지 않을까 하는 불안함을 느끼게 되지만 대기업 중에는 시스템이 잘 갖춰져 나라의 큰 자연재해, 전쟁 등 재난 위기에 대비한 비상 경영체제가 수립되어 있는 곳도 있다. 하지만 모든 대기업이 좋은 기업이라는 뜻은 아니다. 또한, 대기업이 아닌 우수 중견, 중소기업 중에도 자체의 운영체계를 가지고 잘 운영되는 곳이 있다. 회사 홈페이지나 사보, 조직도와 체계, 복지, 근무 환경 등을 사전 조사해 보자. 잡플래닛이나 회사 평판 조회가 가능한 사이트들을 활용할 수도 있다.

좋은 기업을 보는 눈을 키우기 위해서는 세상이 돌아가는 모습을 항상 꾸준히 관찰해야 한다. 평소 가고 싶은 직무, 회사, 산업에 관심을 가지고 비교하고 분석해 보는 습관을 지니게 된다면 취업이 두렵지 않게 될 것이다. 이러한 준비를 한다면 그 어떤 취업준비생보다 경쟁력이 생긴다. 자신이 하는 일(직무)을 잘 알고 있고, 그 일을 잘할 수 있는 사람, 회사에 애정이 있어 쉽게 회사를 그만두지 않고 오래 다닐 확률이 큰 사람이면 좋다. 여기에 더해 그 회사가 속한 산업이 앞으로도 유망해 회사가 그 분야에서 계속 성장하리라는 확신까지 얻을 수 있다면 게임은 끝난 것이다. 이 모든 것을 알아낸 당신은 누구보다 좋은 기업을 선택할 것이고, 회사를 만족시키게 될 것이다. 취업은 '나'만 어려운 게 아니다. 처음에는 누구에게나 어렵고 두렵다. 하지만 고난과 시련의 시간이 얼마나 걸리든, 정직하게 쏟은 노력과 정성만큼 이루어지는 것, 그것이 취업이다!

> "진짜 좋은 회사는 좋은 사람들을 끌어들이고, 그들이 자신의 일에 자부심을 느낄 수 있게 한다."
>
> — 영화 『로지』(2019)

컨설턴트: '나에게 좋은 회사는 어디일까요? 이런 의문을 던지는 건 사람마다 기준이 다양해서 어떤 사람에게는 좋은 회사가 '돈'을 많이 주는 회사이고, '워라밸'이 보장되는 회사이거나, 또는 자신이 '성장'하고 '인정' 받을 수 있는 회사이기 때문입니다. 좋은 기업을 선택하는 방법은 사람마다 다를 수 있으니 이 글을 참고하셔서 자신만의 우선순위에 따라 선호하는 좋은 기업을 결정하시기 바랍니다.